GESCHICHTEN UND GEDICHTE
Ausgewählt und übersetzt
von Annette Kopetzki und
Theresia Prammer
mit Fotografien von Herbert List
und einem Nachwort von
Dorothea Dieckmann

CORSO

Am Flughafen   7

Nachtwachen. Der 21. Oktober   9

An Silvana Mauri, Sommer '52   12

*Einsamkeit der frühen Mittagsstunde*   13

An Silvana Mauri, Sommer '52   14

An Gianfranco Contini, Januar '53   15

Römischer Abend   18

Unterwegs zu den Caracalla-Thermen   20

Mein Verlangen nach Reichtum   22

Tagebücher   25

*Morgen. Welch ein Staunen ohne Freude*   29

*Schau … gegen die Wand des Hauses*   30

*Einem weißen Montagmorgen öffne ich*   31

Die Front der Stadt   33

Der Zorn   38

Reise durch Rom und Umgebung   43

Die »Tuguri«   48

*Im blendenden winterlichen Halbschatten*   54

*Vorsatz*
»Flohmarkt in Trastevere«, 1955

*vorhergehende Doppelseite*
»Die Schatten der Apostel«, Vatikan 1951

*Nachsatz*
»Pausieren auf der Spanischen Treppe«, 1950

*Arme Weiblein aus dem Norden*   55

Das Rom der Gauner   57

Triumph der Nacht   62

Fortsetzung des Abends von San Michele   63

Nachtwachen. Der 21. Oktober   66

*In Ostia, um Mitternacht – der Maskenball*   68

So habe ich Rom noch nie gesehen   70

Notizen zu einem Roman über den Müll   74

3. Mai 1962, 10.30 Uhr   76

*Auf dem Gässchen, dicht überm verschlossnen Himmel*   78

*Zu Ende das Fest über Rom*   80

»Das Abenteuer ist vorbei«   81

Tagebuch   87

Das Licht der Not
Rom im Blick Pier Paolo Pasolinis
Nachwort von DOROTHEA DIECKMANN   91

## AM FLUGHAFEN

Die Sonne kommt. Schlägt auf die Flügel,
den Asphalt. Zart wie Milch
unter zerzausten Wolken, hebt ein eiskaltes Blau
sich hell daraus ab, und das Pflaster der Appia
wirft goldene Spektren in das Ornat
des braunen Regens, der sich immer noch dicht
über die kauernden Herden legt,
ungreifbar, auf dem blendhell dampfenden
Metall, den glühenden Dreimotoren…

Und dort, unter diesem Himmel eines Januar,
frühlingshaft gebrochen von Silber und Schwarz,
unter der riesigen Kuppel, in der schon, heiter,
die Pontinische Ebene duftet, da sind, königlich und dienstfertig
Menschen in Arbeit versunken, wie Ameisen
um Kisten herum, um Baracken, kleine Lastwagen
mit schläfrigen Schreien, Gesichtern, aufgebracht
von demütigen Ironien, kleinlichen Gesten
von Dankbarkeit.

»Feierabend
in Trastevere«, 1952

## NACHTWACHEN. DER 21. OKTOBER

Um diese Zeit ist Rom ein Dorf. Die Nacht ist schwarz und schroff: alles leer, alles nah. Von der Piazza del Popolo gelangt man augenblicklich zur Piazza Venezia, es sind zwei Schritte. Und rechts und links menschenleere Straßen, sehr alte Straßen und so leer, dass man jemanden, der vorübergeht, auf einen Kilometer Entfernung sieht. Das Licht wirkt fast morgendlich, ohnehin ist um mich herum alles verlassen, und ich, ohne Geheimnis, stehe unter den schweigenden Straßenlaternen wie entblößt und unbenutzt. Ein Auto, das vorüberfährt, hat das Ungeschlachte und Sonderbare eines irrealen Ereignisses. Alle kennen einander wie in einer Kleinstadt: So muss Rom vor hundert Jahren gewesen sein, die Nacht hat es in vergangene Jahrhunderte zurückgeworfen.

Tatsächlich, ein Auto, schwarz wie ein Leichenwagen, das eben an mir vorbeigefahren ist, als ich Mariola und Adriana nach Hause brachte, es kreuzt wieder meinen Weg und bremst, überholt mich und bremst. Largo Chigi ringsum ist wie eine leere und grausam hell erleuchtete Bühne mit Katzen und Papierfetzen.

Das schwarze Auto hält neben mir, es ist voll junger Männer, auch sie schwarz und bleich vor Müdigkeit mit ihren von schläfriger und stürmischer Jugend strotzenden Kiefern und Haaren. Wir kennen einander. Lebhafte Begrüßung, Händeschütteln durch die Wagenfenster. Sie sind aus Trastevere, ich kenne sie seit ihrer Kindheit. »Du Glücklicher«, sagen sie, »du warst mit diesen schönen Mädchen zusammen! Wir suchen sie gerade!« »Ihr seid die Glücklichen, nicht ich!« »Wohin fährst du?« »Ins Bett, ich bin müde, auf Wiedersehen!« »Ciao, Pa'!« Wieder geben wir uns die Hand. Ich trete aufs Gaspedal und verschwinde in die Via del Corso, während das

»Pause des Filmvorführers
in Trastevere«, 1953

schwarze Auto hinter mir zurückbleibt, allein, vor dem Bühnenbild eines Rom, das in einer Schirokko-Nacht wiederaufgebaut wurde, nach dem Ende der Welt.

»Der Passetto di Borgo zwischen
dem Castello Sant Angelo und
dem Vaticano«, 1950

## AN SILVANA MAURI, MAILAND

*Rom, Sommer 1952*

…ich stehe unter einer ständigen, ermüdenden Spannung. Für mich ist der Sommer eine Wette, die ich nicht verlieren darf: Ich zähle die Zeit nach Sommern, nicht nach Jahren.

Kopfüber stürze ich mich hinein, mit einer tristen, gleichgültigen Gefräßigkeit, ich esse nichts und leide an Verstopfung, ich esse ununterbrochen und bin leer. Die ersten Gewitter kündigen das Grab an, und ich erwarte sie mit einer inzwischen völlig mechanischen Bestürzung. Cristoforo ist verschwunden, ich habe versucht, Nachforschungen in der Villa Borghese anzustellen, aber es war zwecklos, weil andere wie er ihn entweder nicht kennen oder weil es ihnen herzlich egal ist, was ihm zustoßen könnte, oder weil sie fürchten, ich interessiere mich für ihn, weil er mich bestohlen hat oder etwas Ähnliches, und darum tischen sie mir die erste Lüge auf, die ihnen einfällt. Ich meinerseits habe ihn inzwischen vergessen: ein Schicksal ist so gut wie ein anderes Schicksal. Und Rom hat mich heidnisch genug werden lassen, um nicht an die Gültigkeit gewisser Skrupel zu glauben, die typisch norditalienisch sind und in diesem Klima hier keinen Sinn mehr haben.

*Einsamkeit der frühen Mittagsstunde,*
Schatten, umso kälter im Zimmer
je mehr sich draußen, im Himmel nur aus
Licht, der Sonntag unbefleckt
mit seinen Farben ausbreitet.
Ich weiß, wie sehr sie singt und lebt, um diese Zeit,
die Jugend, dort hinten, in den stummen Weilern,
zwischen den stummen Feldern,
wo die Baumrinden, die Mauern, die Flüsse, das Wasser
schon nach alten Wintern und Sonne duften.
Ich weiß, wie klar die Adria ist
an den Küsten Veneziens, der Emilia
und unten im duftigen Gargano,
und in Apulien, das sich im Osten verliert.
Und wie lange man feiert am Po,
draußen vor den Städten, auf Ausflügen, bitter
von der Süße verdorrter Rinden.
Und ich weiß, wie rein er ist in diesem Oktober,
der Hügel von San Luca über dem Meer
aus Köpfen, das die Runde des Stadions bedeckt,
oder die Via Venti Settembre in Triest
mit ihren Pflanzen voller Frische,
oder die weißen, verlassenen Ufer des Arno.
Aus einem Radio quillt ein Tango, vager
musikalischer Kommentar, verzweifelt
und matt, zum Glanz des gedächtnislosen Festes,
über Rom, zu meiner resignierten
Langweile über schläfrigem Schwindel…

## AN SILVANA MAURI

*Rom, Sommer 1952*

In der nördlichen Welt, in der ich gelebt habe, gab es in den Beziehungen zwischen Individuen immer, zumindest schien es mir so, den Schatten eines Mitleids, das Formen der Schüchternheit, des Respekts, der Sorge und liebevollen Hingabe annahm. Um sich in einer Liebesbeziehung zu binden, genügte eine Geste, ein Wort. Da das Interesse am Inneren vorherrschte, an der Güte oder Bosheit, die in uns ist, war es kein Gleichgewicht, das man miteinander suchte, sondern einen wechselseitigen Schwung. Hier, zwischen diesen dem Irrationalen, der Leidenschaft viel hörigeren Menschen, ist eine Beziehung dagegen immer genau definiert und basiert auf konkreteren Tatsachen: von der Muskelkraft bis zur gesellschaftlichen Stellung... Rom, umgürtet von der Hölle seiner Borgate, ist herrlich in diesen Tagen: Die schmucklose Starrheit der Hitze ist genau das, was nottut, seine Exzesse ein wenig zu beschämen, um es zu entblößen und darum in seinen erhabensten Formen zu zeigen.

## AN GIANFRANCO CONTINI — FRIBOURG

*Rom, 21. Januar 1953*

Ich lebe jetzt in Rom mit meiner Mutter und meinem Vater (der von seinem Leiden teilweise geheilt ist oder wenigstens – wie man eine scharfe Sprengladung behandelt – seinem Leiden entsprechend behandelt wird. Jetzt ist es fast rührend, wie er *von mir* lebt). Ich arbeite außerdem wie ein Sklave, unterrichte in Ciampino (20.000 im Monat!), von sieben Uhr morgens bis drei Uhr nachmittags, und kann auch genug an meinen eigenen Sachen arbeiten, nämlich vor allem an einem Roman, *Il Ferrobedò*. Nachdem ich Penna ein wenig im Abseits gelassen, verraten habe, bin ich jetzt sehr mit Caproni und Bertolucci befreundet (kennen Sie die beiden persönlich? Sie sind, was man Goldstücke nennt) und auch mit Gadda, obwohl ich ihn sehr viel seltener treffe. Wenn die warme Jahreszeit kommt, will er der Peripherie eine Reihe von Besuchen abstatten, um das *Pasticciaccio* fertigzustellen, und mein arabisch-italisches Haus an der Ponte Mammolo soll als Ausgangsbasis dienen. Hier haben Sie das neue Bild der Lage, etwas weniger düster – aber aus Aberglauben werde ich mich hüten, in Siegesjubel auszubrechen…
Viele herzliche Grüße von Ihrem
    *Pier Paolo Pasolini*

*folgende Doppelseite*
»Straße in Trastevere«, 1953

## RÖMISCHER ABEND

Wohin streifst du, auf Roms Straßen,
in Omnibussen oder Trams, mit denen die Leute
heimfahren? Hastig, besessen, als läge
nun die geduldige Arbeit vor dir,
von der die anderen gerade zurückkehren?
Kurz nach dem Abendessen, wenn der Wind
nach dem lauen Elend von Familien schmeckt,
verloren in tausend Küchen, auf den
langen, erleuchteten Straßen,
über denen die Sterne klarer wachen.
Im bürgerlichen Viertel ist alles friedlich,
ein Frieden, mit dem jeder, vielleicht feige
sich heimlich begnügt, und von dem er
jeden Tag seines Daseins erfüllt sehen möchte.
Ach, anders sein – in einer Welt, die doch
Schuld auf sich lädt – heißt: nicht schuldlos sein…
Los, lauf sie hinab, die düsteren Kurven,
des Fußwegs nach Trastevere:
und plötzlich, reglos, aufgebracht, wie
aufgetaucht aus dem Schlamm anderer Zeitalter
– um genossen zu werden von denen, die
noch einen Tag dem Tod, dem Schmerz entreißen –
hast du ganz Rom zu deinen Füßen…

Ich steige hinab, überquere die Garibaldi-Brücke,
folge dem Geländer mit den Fingerkuppen,
gegen den zerfressenen Rand des Gesteins,

hart in der lauen Wärme, die zart
der Nacht entströmt, in der Wölbung
der warmen Platanen. Platten, eine fahle
Reihe, am anderen Ufer, erfüllen
den verwaschenen Himmel, bleiern, flach,
die Dachwohnungen gelblicher Wohnblöcke.
Und ich schaue, den Blick auf das aufgebrochene
knöcherne Pflaster gerichtet, oder besser ich rieche –
prosaisch und trunken, gespickt mit gealterten
Sternen und schallenden Fenstern –
den großen heimeligen Straßenzug:
Der düstere Sommer vergoldet ihn feucht
zwischen den schmutzigen Schwaden,
die der Wind, der von den Wiesen des Lazio
herunterregnet, verteilt über Gleise und Fassaden.

Dazu, in der Hitze so prall,
dass sie ihrerseits Raum ist,
hier unten der Geruch des Gemäuers:
Vom Ponte Sublicio bis zum Gianicolo
vermischen sich Gestank und Trunkenheit
des Lebens, das nicht Leben ist.
Unreine Zeichen, dass sie hier vorbeigestrichen:
alte Brücken-Trunkenbolde, antike
Huren, Scharen versprengter
Gassenjungen: unreine Spuren von
Menschen, menschlich verderbt,
hier offenbaren sie sich, heftig und stumm,
diese Gestalten: ihre schäbigen, unschuldigen
Vergnügungen, ihre kläglichen Ziele.

## UNTERWEGS ZU DEN CARACALLA-THERMEN

Unterwegs zu den Caracalla-Thermen
sind die jungen Freunde, rittlings auf ihren
Rumis oder Ducatis, mit männlicher
Scham und männlicher Schamlosigkeit,
in den warmen Falten der Hosen
im gleichgültigen Verbergen, oder Offenlegen,
des Geheimnisses ihrer Erektionen …
Mit ihren gewellten Köpfen, dem jugendlichen
Farbton der Pullover, durchpflügen sie
die Nacht, in einem unschlüssigen
Karussell, besetzen sie die Nacht,
als ihre herrlichen Eigentümer

Unterwegs zu den Caracalla-Thermen
mit erhobener Brust, wie auf den heimatlichen
Hängen des Apennins, zwischen Traktoren,
und dem Geruch von jahrhundertealtem Vieh, der frommen
Asche berberischer Dörfer – unkeusch schon
unter der plump-verstaubten Baskenmütze,
die Hände in den Hosensäcken – der elfjährige zugewanderte
Schafhirt, und jetzt hier, schelmisch und vergnügt
im Lachen Roms, noch warm
vor rötlichem Salbei, Feigen und Oliven

Unterwegs zu den Caracalla-Thermen,
der alte, arbeitslose Familienvater,
den der furchtbare Frascati zu einem
stumpfsinnigen Tier gemacht hat, zu einem Seligen,
im Getriebe das Alteisen
seines kaputten Körpers, seiner rasselnden,
Teilchen: die Kleider, ein Sack,
der einen leicht buckeligen Rücken enthält,
zwei Schenkel, wohl mit Krusten übersät,
die weiten Hosen, flatternd unter den ausgebeulten
Jackentaschen, schwer gefüllt
mit schmutzigen Inhalten. Das Gesicht
lacht: unter den Backen kauen die Knochen
knarzend irgendwelche Worte:
er spricht mit sich, bleibt schließlich stehen
und dreht seinen alten Zigarettenstummel,
Gehäuse, in dem die ganze Jugend
weiterlebt, in Blüte steht, wie ein Feuer,
das in einer Truhe oder einem Eimer brennt:
es stirbt nicht, wer niemals geboren wurde.

Unterwegs zu den Caracalla-Thermen

## MEIN VERLANGEN NACH REICHTUM

Auch ich bin unterwegs zu den Caracalla-Thermen,
und denke nach – kraft meines alten, meines
herrlichen Privilegs zu denken …
(Und immer noch mag es ein Gott sein, der
verlassen, schwach, und kindlich in mir denkt:
doch seine Stimme ist so menschlich,
beinahe einem Lied gleich.) Ach, ausbrechen
aus diesem Elends-Gefängnis!
Sich befreien von dem Verlangen, das
diese antiken Nächte so großartig macht!
Etwas verbindet diejenigen, die dieses Verlangen kennen,
mit denen, die es nicht kennen: der Mensch hat bescheidene
                                        Ansprüche.
Allem voran, ein weißes Hemd!
Allem voran, ein gutes Schuhwerk,
ordentliche Kleidung! Und eine Wohnung, in Bezirken,
wo die Leute einen in Ruhe lassen,
eine Wohnung im sonnigsten Stockwerk,
mit drei, vier Zimmern, und einer verlassenen
Terrasse, aber mit Rosen und Zitronenbäumen

Allein bis auf die Knochen habe auch ich Träume,
die mich noch in der Welt verankern,
auf der ich mich bewege, als wäre ich nur Auge
Ich träume von meiner Wohnung, auf dem Gianicolo,
in Richtung Villa Pamphili, grün bis hin zum Meer:
eine Dachwohnung, erfüllt von der alten

und immer unbarmherzig neuen Sonne Roms;
auf der Terrasse möchte ich eine Glaswand errichten,
mit dunklen Vorhängen, aus hauchdünnem Stoff:
und in eine Ecke würde ich einen Tisch stellen
eigens angefertigt, leicht, und mit tausend
Fächern, eines für jedes Manuskript,
um den hungrigen Hierarchien
meiner Inspiration nicht zuwiderzuhandeln…
Ach, ein wenig Ordnung, ein wenig Süße,
in meiner Arbeit, und in meinem Leben…
Um mich herum stünden ein paar Stühle und Lehnsessel,
mit einem antiken kleinen Tisch und ein paar
antiken Bildern brutaler Manieristen
mit goldenen Rahmen, gegen
die abstrakten Verstrebungen der Glaswände
Im Schlafzimmer (ein einfaches
Bett, mit geblümten Decken
von kalabresischen oder sardischen Frauen gewebt)
würde ich meine Sammlung von Bildern
aufhängen, die ich immer noch liebe: an der Seite
meines Zigaina wünsche ich mir einen schönen Morandi,
einen Mafai aus den 1940ern, einen De Pisis,
einen kleinen Rosai, einen gewaltigen Guttuso…

»Platz im Arbeiterviertel Trastevere mit einem Plakat des Kommunisten Togliatti«, 1953

## TAGEBÜCHER

Ich begleite Moravia bis in die Via dell'Oca, dann rase ich erschöpft nach Hause. Ich muss unbedingt allein sein. Eilig esse ich mit Mama zu Abend und gehe hinaus.

Die Nacht ist etwa wie die gestrige, es regnet nicht mehr. Die Wolken sind wie Wände in der Ferne, sie versammeln die Welt konzentriert ringsumher wie ein großer Hof.

Die Feuchtigkeit hüllt alles in laue Wärme. Wie herrlich sind diese milden römischen Winter! Und welch eine Unermesslichkeit ist in dieser Konzentration! Unser individuelles Leben ist so begrenzt, dass es nie genug Sinn für die unendliche Komplexität der anderen Leben hat, die es umgeben: es neigt dazu, sie zu vereinfachen, zum bloßen Hintergrund zu machen. Und diese Trägheit des Geistes, diese nur poetische Großzügigkeit wird unterstützt durch die Feuchtigkeit, die mit milder Wärme getränkte Frische.

Ich streife stundenlang ziellos umher, an Orten, deren Existenz die Behörden und die Moralisten Mailands gerne leugnen würden, aber sie existieren – den Sittenwächtern zum Trotz! Zwischen der Porta San Sebastiano und der Cristoforo Colombo herrscht ein großes Gedränge von Autos, Motorrollern und Gruppen junger Leute zu Fuß. Still und leise fährt von Zeit zu Zeit ein Polizeiauto vorüber, aber das stört die Menge nicht.

Dann mache ich einen Abstecher nach Centocelle. Ich steige aus dem Auto und gehe zu Fuß. Wie viel Elend gibt es in Rom. Im Sommer, mit der Sonne, den Bluejeans, nimmt man es nicht so leicht wahr.

Während ich durch die Straßen laufe, ruft jemand meinen Namen. Missmutig drehe ich mich um und sehe vier, fünf junge

Männer auf mich zukommen. Sie sind schüchtern, fast ängstlich. Zum ersten Mal sehe ich die jungen Römer aus dieser Perspektive. Sie haben mich erkannt und bitten mich – ich kann es kaum glauben – um ein Autogramm. Sie ziehen alte, verknitterte Fotos aus ihren Brieftaschen, auf die ich meinen Namen schreiben soll. Der Mutigste mit seinem ein wenig feisten Arabergesicht und jungenhaften Augen spricht mich an: »Wo Sie jetzt einmal hier sind, erklären Sie doch meinem Freund da, was Sie mit diesem Gedicht von der *Klage des Baggers* sagen wollten… darüber sind wir nämlich unterschiedlicher Meinung…«

Ich betrachte sie, erst ihn, dann seinen Freund, einen Blonden, der vor Verlegenheit fast zittert. Beide sind sehr einfache Jungen, Söhne von Arbeitern oder kleinen Angestellten. Welche Schulbildung mögen sie haben? Vielleicht sind sie Fachschüler. Insgeheim ärgere ich mich ein bisschen: Ich bin ausgegangen, um mich zu entspannen, um in Ruhe allein zu sein, und jetzt muss ich schon wieder über Gedichte reden…

Vielleicht haben sie mir die schlechte Laune vom Gesicht abgelesen und sind darum so unnatürlich schüchtern. Doch mein Zorn ist unbillig, diese Jungen haben recht. Ich nehme meine letzten, schwachen Kräfte zusammen und fange an, mit ihnen zu diskutieren – über mich und über sie.

Tief in der Nacht kehre ich nach Hause zurück. Zwischen der Porta San Sebastiano und der Cristoforo Colombo ist fast niemand mehr zu sehen. Zwei Prostituierte, deren Zigaretten glühen, neben dem Polizeiwagen im Schatten der Stadtmauern.

Die Nacht ist innerhalb der feuchten Wände aus Wolken ein Ort der Sammlung wie eine Kirche, eine entweihte, frevelhafte Kirche voll der sinnlichsten Süßigkeiten, der vulgärsten, brennendsten Bedrängnisse, der heidnischen Taten der Unterwelt, der verborgenen, anonymen Verführungen, der unglücklich vergeudeten Existenzen, poetischen Existenzen in ihrem unheilbaren Elend, voll der egoistischen, nur von nächtlichen Versuchungen zurückgehaltenen Hoffnungen, der Ergebenheit der Prostitution, voll des Schlafes und der Müdigkeit derer, die den Tag damit verbracht haben, für tausend Lire zu arbeiten und nun, in der letzten Stunde der Nacht, für kurze Zeit aufleben.

So flüchtig sind die Nacht und das Leben, dass ein wenig Mondlicht – hinter der aufgestauten Feuchtigkeit – schon wie die Morgendämmerung erscheint, und die Morgenröte wie der Mond kommender Nächte. Ich eile nach Hause, erfüllt von einer Mischung aus makabrem Unbehagen und rauschhafter Freude, wie ein Roboter meines momentan ekstatischen Empfindens.

»Die weißere Wäsche«, 1956

*Morgen. Welch ein Staunen ohne Freude.*
Ein Chor, der in tausend Echos zerfällt
– reglos und munter entfernt sich ein Motor
auf dem feuchten Asphalt – es schreit und schreit
der Händler, mit seinem Wägelchen –
unter unruhiger Wäsche, ein Chor, der blind,
der unharmonisch ist. Wie viel Frieden
inmitten dieser Verwirrung. Allein,
in Betrachtung, ein Mensch, wirklich
Mensch, mit seinem wirklichen
Tod. Er wird sich doch, am Ende, sagen müssen,
dass nicht *ein andrer*, dass *er selbst* es ist,
der dieses derart neue Abenteuer lebt,
das schreien macht vor Staunen. Und es ist
Morgen, wie viel Leben in diesem Viertel,
bei lauem Himmel, undurchdringlichem Licht!

***Schau … gegen die Wand des Hauses***
gegenüber drückt die Sonne ein finsteres
sengendes Licht, das, zurückgeworfen, mein Zimmer
überflutet. Es ist schon vergilbt, das Geschenk
des Erwachens, alt wie ein Regentag
in irgendeiner trostlosen,
ernsten Stadt in der Poebene mit herrlichen
Steinen und Gärten und Vororten,
wo in jenen frühen Jahren die Morgen
frisch waren, wie dieser, der schon stirbt.

*Einem weißen Montagmorgen öffne ich*
das Fenster, und die gleichgültige Straße
verschluckt in ihrem Licht und ihrem Lärm
meine seltene Anwesenheit zwischen den Fensterläden.
Dieses Michbewegen... an Tagen außerhalb
der Zeit, die mir gewidmet zu sein schien,
ohne Wiederkehr und ohne Rast,
Raum, ganz erfüllt von meinem Zustand,
wie eine Ausdehnung meines
Lebens, meiner Wärme, meines Körpers...
und sie wurde unterbrochen... Ich bin in einer andren Zeit,
einer Zeit, die ihre Morgen anordnet
in dieser Straße, die ich, unbekannt, betrachte,
in diesen Menschen, Resultat einer anderen Geschichte...

## DIE FRONT DER STADT

Was ist Rom? Welches Rom? Wo endet Rom und wo beginnt es? Rom ist sicher die schönste Stadt Italiens, wenn nicht der ganzen Welt. Doch es ist auch die hässlichste, gastfreundlichste, dramatischste, üppigste und elendste aller Städte. Das Kino hat viel dazu beigetragen, sie bekannt zu machen. Aber aufgepasst: Der neorealistische Geschmack, der die Rom-Filme beherrscht, ist zu skizzenhaft, zu durchtränkt mit dialektalem Lokalpatriotismus, menschenfreundlichem Optimismus und melancholischem *Crepuscolarismo* – alles Dinge, die mit ihrer mittleren Tonlage, grau oder rosa, die so aufwühlend widersprüchliche Atmosphäre dieser Stadt niemals einfangen können. Roms Widersprüche sind schwer zu überwinden, weil es existenzielle Widersprüche sind: Der Reichtum und die Armut, das Glück und der Schrecken Roms sind weniger Gegensatzpaare als Teile eines Magmas, eines Chaos.

Für den Fremden und den Besucher ist Rom die Stadt innerhalb der alten Stadtmauern aus der Renaissance. Der Rest ist vage, anonyme Peripherie, die das Anschauen nicht lohnt.

Innerhalb der Mauern begegnet ihm eine wunderbare italienische Stadt, die nicht durch klassische oder mittelalterliche, Stadtrepublik-, Renaissance- oder Barocktraditionen geprägt ist, sondern all diese Traditionen gleichzeitig besitzt. Ein Querschnitt durch Rom würde eine außergewöhnliche Vielfalt historischer Schichtungen offenbaren, und genau dies ist die Schönheit der Stadt. Man nehme die Sonne hinzu, die milde Luft, die Heiterkeit des Lebens im Freien – das jedoch niemals Idylle ist, sondern immer einen tragischen Hintergrund hat und darum nie ermüden wird, lebendig und aufregend bleibt… Und man nehme hinzu, dass das Klein- und das

»Behausung«,
1949

Großbürgertum äußerlich keine bedeutende Rolle im Stadtzentrum spielen: Wie in den Städten Süditaliens oder der Bourbonen ist es noch immer allein durch das Volk charakterisiert, es offenbart all die falschen Freuden des Vitalismus und des knechtischen Paganismus.

Das Rom, das der Tourist nicht kennt, der Spießer nicht beachtet und Stadtpläne nicht verzeichnen, ist eine Stadt von gewaltigen Ausmaßen.

Eine Ahnung von dieser unproportionierten, in unzählige ausgedehnte, gegeneinander abgeschottete Sektoren versunkenen Stadt kann auch der dumme Tourist und der Spießer, der sich die Augen verbindet, bekommen, wenn er nur flüchtig aus dem Fenster des Zuges oder Busses blickt, der ihn transportiert. Dann werden vor seinen Augen, die nicht sehen, hier und da Bruchstücke der Tuguri-Dörfer vorbeifliegen, endlose Hüttenreihen wie Beduinensiedlungen, bröckelnde Steinlawinen aus riesigen Wohnhäusern und pompöse Kinos, ehemalige Gehöfte, zwischen Wolkenkratzer eingeklemmt, zu Staudämmen aufragende Hauswände über schlammigen Gässchen, jäh auftauchende Freiflächen mit Erdwällen und Wiesen, wo verstreut Herden weiden, und im Hintergrund – in der sonnenverbrannten oder sumpfigen Campagna aus Hügeln, Buckeln, Gräben, alten Steinbrüchen, Hochebenen, Kloaken, Ruinen, Schutthalden, Wassergräben und Müllkippen – die Front der Stadt.

Mal ist es ein blendend heller Streifen aus Häusern, der sich über den gekrümmten Horizont schlängelt. Mal ein vielfarbiger Stapel von Bauten auf dem Kamm einer unvermuteten Anhöhe, erhaben wie eine Himmelserscheinung. Mal eine riesige graue Wand, die sich drohend wie ein Felssturz zwischen Viadukten und Überführungen erhebt.

Ein wenig Ordnung in dieses Chaos zu bringen, ist nicht leicht. Doch bestimmte Muster, bestimmte Zonen lassen sich zum Beispiel nach Graden des Lebensstandards unterscheiden. Es gibt daneben eine allgemeine Peripherie, die der reinen Wohnviertel, wo die Hässlichkeit trotz der Sonne nur eine ästhetische, äußerliche sein kann. Blickt man aber auf die Peripherie der ärmeren Viertel, hat man es bereits mit unmenschlichen, gewaltsamen, unzugänglichen, schwer interpretierbaren Seiten zu tun.

Der Strahlenkranz der Konsularstraßen – die Appia, die Prenestina, die Tuscolana, die Aurelia usw. – bildet um die eigentliche Stadt mit ihren komplizierten, aber gewachsenen Zusammenballungen, ihren unentwirrbaren, aber historischen Knotenpunkten verschiedener »Bildungsniveaus« herum eine andere Stadt, von der man nicht weiß, ob sie zentrifugalen oder zentripetalen Kräften unterliegt, ob sie Neues schafft oder sich um das Alte anhäuft, um sich ihm allmählich anzugleichen wie das ungeheure Heerlager einer Belagerungsarmee.

Vorerst scheint sie zufällig entstanden, ohne Plan und Ziel unermesslich gewachsen zu sein, weder eine eigenständige, noch eine Randexistenz zu führen. Wer das Phänomen dieser Stadt beobachtet, die von Jahr zu Jahr, von Monat zu Monat, von Tag zu Tag wächst, merkt irgendwann, dass es kein anderes Mittel der Erkenntnis zu geben scheint als das Auge. Der Anblick, der sich dem Beobachter bietet, ist so bedrängend und beeindruckend, dass er alles intuitiv in eine unaufhörliche Reihe von Beobachtungen zerlegen zu können meint – von Kameraeinstellungen, möchte man sagen, von unendlich vielen, sehr detaillierten Nahaufnahmen bis zu unendlich vielen grenzenlos weiten Totalen.

Das Schauspiel für die Augen ist unerschöpflich: von Monte Mario bis Monteverde, von San Paolo bis Appio, von Prenestino bis Monte Sacro kennt die explodierende Bautätigkeit keine Grenzen.

Ebenso wie die Formen dieser voranschreitenden Front der Stadt extrem schwer zu beschreiben sind, weil man sich tausendmal wiederholen und tausendmal anders ausdrücken müsste, sind auch die Menschen, die hier wohnen, schwer zu definieren.

Rom wimmelt bekanntlich noch von Menschen aus dem Subproletariat (in Trastevere, Borgo Panico, Campo de' Fiori usw.), also auch von Anarchie und Verbrechen. Eben erst beginnen die ersten römischen Fabriken und Kleinindustrien, sich an der Tiburtina aufzureihen. Die einzige lebendige Industrie – zumindest bis vor ein paar Jahren –, das Kino, ist die Industrie der römischen Arbeitswelt schlechthin: eine Industrie, die bei dem, der in ihr arbeitet, nicht zwangsläufig Klassenbewusstsein impliziert, sondern seinen psychischen Zustand unterwürfiger Passivität, seinen Konformismus usw. tendenziell aufrechterhält. Er ist typisch für eine Stadt mit so jungen (und importierten) demokratischen Traditionen.

Die vielen hunderttausend Bewohner der neuen Viertel – und der alten, früher fast ländlichen, von den neuen eingekreisten und verschluckten Viertel – gehören, soweit sich komplexe Phänomene dieser Art überhaupt definieren lassen, einem neuen Typus der römischen Arbeiterklasse an. Äußerlich bewahrt er durch Dialekt und Jargon, in seinen Verhaltensweisen und seiner unvoreingenommenen Intelligenz, mit der Leichtfertigkeit und eigentümlichen Modernität seiner Moral, das klassische Erscheinungsbild. Doch der geregeltere Lebensstandard, die starke Vermischung mit den Einwanderern aus dem Norden und Süden, sein gesellschaftlich marginales, aber dem »ideologischen Bombardement« des Bürgertums besonders stark ausgesetztes Dasein führen dazu, dass sich die charakteristische Mischung aus Anarchie und gesundem Menschenverstand bei diesen Menschen tendenziell in eine amerikanisierte, standardisierte Form der Indifferenz verwandelt und einen

Wiederholungszwang erzeugt, der sich fortpflanzt und viele hunderttausend Mal denselben Menschentyp hervorbringt.

Dann reduziert sich das Leben in diesen grenzenlosen, heute noch so vielgestaltigen und wandelbaren Vierteln auf elementare, monotone Formen.

Das Problem des Menschen, der auf die Bewegung zwischen Stadtrand/Wohnviertel – Zentrum/Arbeitsplatz beschränkt und zu einer endlosen Wiederholung der Handlungen seines gesamten Lebenskreises gezwungen wird, ist außerordentlich brisant, aber vorerst betrifft es eher die Zukunft als das gegenwärtige Erscheinungsbild.

Wer *hinter* die Fassade der Stadt zu blicken versucht, stößt unmittelbar auf ein anderes, ganz einfaches Problem. Trotz der explosiven Bautätigkeit ist es noch genauso schwierig wie früher, eine Wohnung zu bekommen. Die 110.000 Wohnräume, die im letzten Jahr gebaut wurden, haben daran nichts geändert. Hinzu kommt die drohende Tragödie der Arbeitslosigkeit der Bauarbeiter.

In ihrem Inneren hat die Vorhut der Stadt also zwei Gesichter: das der Bauenden und das der Wohnenden.

Die Wohnenden sind eine riesige Masse, und obwohl sie vielleicht stolz auf ihre neuen kleinen Wohnungen im siebten Stock einer der hundert Mietskasernen sind, die sich auf einer Anhöhe drängen, schlafen sie noch immer zu viert oder fünft in einem Zimmer. Der Wohlstand, auf den sich die ideologische Propaganda der herrschenden Klasse beruft, indem sie das Zeitalter der Fernseher und der Flipper ausruft, auf das sich der oben angedeutete Amerikanismus gründet, ist in Wirklichkeit noch immer Unordnung, Elend, existenzielle Unsicherheit – und umso schwerwiegender, als sie in Gestalt des Fortschritts, des kleineren Übels auftreten, während doch noch immer alles ganz neu zu beginnen wäre.

## DER ZORN

Ich nähere mich der Gartentür, ein kleines
vergrabenes steinernes Kaninchenloch im
Erdgeschoss, gegen das Vorstadt-
Gärtchen, Relikt aus der Zeit Goffredo Mamelis,
mit seinen Pinien, seinen Rosen und Zichorien.
Ringsum, hinter diesem Paradies aus bäuerlichem
Frieden, erscheinen
die gelben Fassaden faschistischer
Wolkenkratzer, der letzten Baustellen:
und darunter, jenseits der dicken Glasplatten,
ein grabesartiger Schuppen. Er schlummert
in der schönen, ein wenig kühlen Sonne, der große Garten
mit dem kleinen Haus in der Mitte, aus dem 19. Jahrhundert,
schneeweiß, in dem Mameli starb,
und eine singende Amsel spinnt ihre Ränke.

Dieser mein armer Garten, ganz
aus Stein ... Doch ich habe einen Oleander gekauft
– jetzt der ganze Stolz meiner Mutter –
und Topfblumen aller Art,
und auch ein Mönchlein aus Holz, eine Putte
gehorsam und rosig, leicht spitzbübisch,
die ich in Porta Portense fand, auf der Suche
nach Möbeln für die neue Wohnung. Farben,
wenige, die Jahreszeit ist noch so jung: Goldtöne,
leicht vor Licht, und Grün, alle erdenklichen Grüns
Nur ein klein wenig Rot, düster und prächtig,

halbversteckt, bitter, freudlos:
eine Rose. Demütig baumelt sie
von dem jugendlichen Zweig, wie von einer Schießscharte,
schüchterner Nachzügler eines zerschlagenen Paradieses

Aus der Nähe wirkt sie noch bescheidener, wie
ein armes, schutzloses nacktes Ding,
eine reine Laune
der Natur, in der Luft, in der Sonne,
lebendig, doch von einem Leben, das sie täuscht
und demütigt, ihr beinahe Scham bereitet
so roh zu sein
in ihrer äußersten Blütenzartheit.
Ich nähere mich wieder, spüre ihren Geruch
Ach, schreien ist wenig, und wenig schweigen:
Nichts kann eine ganze Existenz beschreiben!
Ich verzichte auf jegliche Geste. Weiß nur,
dass ich in dieser Rose, in einem einzigen,
erbärmlichen Moment, den Geruch meines Lebens:
den Geruch meiner Mutter atmen kann…

Warum reagiere ich nicht, warum zittere ich nicht
vor Freude, oder ergötze mich an irgendeiner reinen Furcht?
Warum gelingt es mir nicht,
diesen uralten Knoten meines Daseins aufzulösen?
Ich weiß: in mich ist nunmehr der Dämon
des Zorns eingezogen. Ein kleines, taubes
Gefühl, das mich vergiftet:
Erschöpfung, nennen sie es, fiebrige Ungeduld
der Nerven: aber das Bewusstsein ist nicht mehr frei davon.

Der Schmerz, der mich mir selber nach und nach entfremdet,
kaum lasse ich mich ein klein wenig gehen,
löst sich von mir, wirbelt auf eigene Faust durch die Luft,
pulsiert verworren durch meine Schläfen,
lässt mir Eiter ins Herz schießen,
ich bin nicht mehr Herr meiner Zeit ...

Nichts hätte mich einst besiegen können.
Ich war in meinem Leben eingeschlossen wie im Mutter-
Leib, in diesem glühenden
Geruch einer schlichten feuchten Rose.
Aber ich habe gekämpft, um daraus auszubrechen, dort, in der
                                                                                                  bäuerlichen
Provinz, zwanzigjähriger Dichter, immer immer
voll verzweifelter Leiden,
und verzweifelter Freuden ... Der Kampf endet
mit dem Sieg. Mein persönliches Dasein
steckt nicht mehr in den Blütenblättern einer Rose,
– ein Haus, eine Mutter, eine quälende Leidenschaft.
Es ist öffentlich. Doch auch die Welt, mir einmal unbekannt
ist mir nahegekommen, vertraut geworden,
hat sich mir zu erkennen gegeben und, nach und nach
mir aufgedrängt, notwendig und brutal.

Ich kann nicht mehr so tun, als wüsste ich es nicht:
oder als wüsste ich nicht, wie sie mich zurichtet.
Welche Art von Liebe
in dieser Beziehung zählt, welche niederträchtigen Bündnisse.
Nicht eine Flamme, die in dieser Dürre-
Hölle glühte, und dieses ausgedörrte Rasen,

das meinem Herzen verwehrt,
auf einen Duft zu reagieren, ist ein Überrest
der Leidenschaft... Mit beinah vierzig Jahren
stehe ich wieder im Zorn, wie ein Jugendlicher,
der von sich nichts weiß, als dass er neu ist,
und gegen die alte Welt anstürmt.
Und, wie ein Jugendlicher, erbarmungslos,
schamlos, verheimliche ich
diesen Zustand nicht: ich werde keinen Frieden finden, nie.

## REISE DURCH ROM UND UMGEBUNG

In der römischen Campagna wimmelt es etwa auf der Höhe des Autobahnrings um Rom von Borgate. Es sind die Borgate armer, doch meist ehrlicher und strebsamer Menschen; sehr oft Einwanderer, entweder aus dem nahen Latium oder aus mittelitalienischen Regionen, die die alte Ernsthaftigkeit und Würde der Bewohner agrarischer Provinzen in das Chaos der Hauptstadt und das kleine Chaos ihrer Borgata gebracht haben.

Das Kennzeichen der eigentlichen Borgate aber ist ihr »offizieller« Charakter, das heißt, dass sie von der Stadt, fast möchte man sagen, aus dem einzigen Grund gebaut wurden, um dort die Armen und Unerwünschten zu konzentrieren. Wenigstens ist das ihr Ursprung, nicht nur chronologisch, sondern auch der Idee nach.

Die ersten Borgate wurden von den Faschisten nach dem Abriss ganzer Viertel im Zentrum gebaut. Diese Abreißarbeiten gehorchten einer Ästhetik im Geiste D'Annunzios, und nur scheinbar waren sie erst in zweiter Linie, im Grunde aber in ihrem Kern polizeiliche Maßnahmen. Große Teile des römischen Subproletariats, die im Zentrum, in den historischen, nun abgerissenen Vierteln in drangvoller Enge gelebt hatten, wurden aufs Land deportiert, umgesiedelt in abgelegene neue Wohnviertel, die nicht zufällig wie Kasernen oder Gefängnisse konzipiert waren.

In dieser Zeit entstand der »Stil« der Borgata: Die Grundlage ist natürlich klassizistisch-imperial, doch typisch ist die zwanghafte Wiederholung eines immer gleichen architektonischen Elements: Ein bestimmter Haustyp wird in Reihen fünf-, zehn-, zwanzigmal wiederholt, und sogar eine Häusergruppe wiederholt sich fünf-, zehn-, zwanzigmal. Die Innenhöfe sind sämtlich identisch: farb-

»Fattoria unter einem Aquädukt
in der Campagna Romana«, 1950

lose, kahle kleine Gefängnishöfe mit Reihen von Zementpfählen für die Wäscheleinen, die aussehen wie Reihen von Galgen, mit einem Waschraum und einem Abort für die ganze Parzelle.

Nach und nach ist die Stadt auf diese Borgate, die zunächst einsam auf dem Land lagen, zugewandert und hat sie verschluckt, verschluckt sie noch immer. Dennoch bilden sie stilistisch und psychologisch weiterhin »Inseln«.

Wir sind in diesen Tagen in die Borgata Gordiani zurückgekehrt, die gerade dem Erdboden gleichgemacht wird. Wo sich Reihen von unerträglich elenden, schmutzigen, menschenunwürdigen Hütten hinzogen, steht man jetzt vor einer großen, leeren Fläche rötlichen Schotters. Im Hintergrund schimmert weißlich, blendend die vorderste Front von Centocelle.

Einige Häuschen stehen noch, sie haben überlebt, werden aber bald verschwinden müssen. Bald wird die Ebene von Gordiani planiert sein und es wird keine Erinnerung an die Borgata mehr geben.

Der größte Teil der ehemaligen Bewohner dieser Hütten wurde nach einem Jahrzehnt der Kämpfe und Hoffnungen in die Villa Gordiani und die Villa Lancellotti an der Prenestina, nicht weit von der alten Borgata, umgesiedelt.

Wir sind hingefahren. In Wirklichkeit hat sich nichts geändert. Statt der armseligen einstöckigen Häuschen mit einem armseligen kleinen Hof davor gibt es jetzt diese nagelneuen, riesigen Wohnhäuser, die eben erst zwischen brachliegenden Wiesen, Schotterwegen und Müllhaufen hochgezogen wurden. Welchem stilistischen, soziologischen und menschlichen Prinzip folgen diese Behausungen? Keinem anderen als zuvor. Wir sind immer noch beim Konzept des Konzentrationslagers. In zwei, drei Jahren werden diese Wände abgeblättert, diese Höfe verdreckt sein. Die Zimmer werden nicht mehr ausreichen, ohnehin sind es schon jetzt nicht genug. Es gibt keinen sozialen Austausch, keine Vermischung, keine Freiheit: Dieselben Menschen wurden massenhaft von einem alten in ein neues Konzentrationslager gebracht.

Die christdemokratischen »Borgate« sind nicht anders als die faschistischen, denn das Verhältnis zwischen dem Staat und den »Armen« hat sich nicht geändert: es ist ein autoritäres, paternalistisches Verhältnis und in seiner religiösen Verbrämung zutiefst unmenschlich.

Wer sich ein Bild machen möchte, sollte über Centocelle hinausfahren und – wenn er es schafft, durch das chaotische Gewirr der im Bau befindlichen Straßen, der schlammigen Plätze und Baustellen hindurchzukommen, die ohne Maß und Ziel wie in einem chinesischen Stadtviertel am hinteren Ende von Prenestino entstehen – in Quarticciolo aussteigen. Er braucht die Borgata nicht einmal betreten: das Schauspiel ist sattsam bekannt. Es genügt, an der Tür stehen zu bleiben.

Wie die Fassade eines Gefängniskomplexes wird sich die erste Reihe bebauter Parzellen vor ihm abzeichnen: drei- oder vierstöckige Häuser in einer undefinierbaren Lakritzfarbe oder einem unheimlichen Altrosa. Endlose Reihen kleiner und großer Fenster und anderer Verzierungen eines typisch imperialen Novecento-Stils verteilen sich nicht ohne Anspruch auf eine gewisse Prunkentfaltung über die ganze Länge dieses düsteren Vorbaus.

Davor eine Straße voller Elend und Gesänge, über die ein alter, eckiger Autobus fährt, und an dieser Straße zieht sich ein Abwasserkanal entlang, die Ufer mit Schlamm und Dreck verkrustet, das Wasser schwarz.

Jenseits des Kanals gibt es neue Parzellen, in den letzten zwei oder drei Jahren bebaut. Die Architektur ist dieselbe wie bei der alten Borgata: der Grundriss ist der des römischen Lagers mit rechtwinklig abzweigenden Straßen. An diesen Straßen liegen die großen Wohnhäuser, alle einander vollkommen gleich und alle in vollkommen gleichen Reihen. Nur dass sie statt diagonal, horizontal verlaufen und sich an den Ecken statt an den Fassaden aneinanderreihen, um mehr Sonne zu bekommen – als herrschte in Rom Mangel an Sonne. Und statt klassizistischer, triumphaler Anklänge haben sie etwas Romantisch-Kokettes. Das ist der einzige Unterschied zwischen der faschistischen und der christdemokratischen Borgata.

»Disput in Trastevere«,
1953

## DIE »TUGURI«

»*Das Dach*« von De Sica, »*Die Nächte der Cabiria*« von Fellini, die zahlreichen weniger bekannten Erzeugnisse des Neorealismus – dank dieser Filme hat jeder in Italien zumindest eine vage Idee von den *tuguri* an der Peripherie Roms.

Doch es ist immer das gleiche Lied: Die italienische Kultur der letzten zehn Jahre war keine wirklich realistische Kultur, außer vielleicht in spezialisierten Genres wie Aufsätzen und Umfragen, die immer marxistisch begründet oder inspiriert sind. Dieser Realismus ist nur indirekt und vermittelt in künstlerische Produkte wie Filme, Romane oder Gedichte eingegangen.

Und dabei wurde er verfälscht, weil er sich mit Bildungsresiduen anderer Art vermengte, eher begleitenden, wenn nicht sogar entgegengesetzten Erscheinungen. Bei De Sica war das ein vorfaschistischer humanitärer Sozialismus, bei Visconti ein, wie Gramsci ihn nennen würde, »kosmopolitischer« Formalismus, bei Fellini ein kreatürlicher oder parareligiöser Realismus.

Tatsache ist, dass die *tuguri*, die man in mehr oder weniger mutigen und kritischen Filmen sieht, niemals die wahren *tuguri* sind.

Im Übrigen glaube ich, dass kein Schriftsteller oder Regisseur den Mut hätte, diese Realität bis zur letzten Konsequenz abzubilden. Sie würde ihm so grausam, so unfassbar erscheinen, dass er in ihr zu Recht einen »Partikularismus«, ein zu spezielles oder marginales Phänomen vermuten würde. An gewisse Extreme menschlicher Abgründe reicht man mit künstlerischen Mitteln offenbar nicht heran, gewisse Abweichungen der von einem verworfenen gesellschaftlichen Umfeld deformierten Psyche lassen sich offenbar nicht darstellen.

Das bürgerliche Publikum würde es nicht glauben, die Kritik würde mit wohlfeiler Ironie reagieren, indem sie zum Beispiel demjenigen Grausamkeit und psychische Defekte zuschreibt, der sich vorbehaltlos und ohne Heuchelei mit solchen Themen beschäftigt.

Nicht ohne Grund handelt es sich um *tuguri*, das heißt, um Behausungen, die für Völker in einem prähistorischen Entwicklungsstadium typisch sind. Die Ethnologen wissen genau, wo in einem solchen Fall das Problem liegt: Es geht um die Möglichkeit, einen irrationalen Zustand mit rationalen Mitteln zu erfassen, sodass seine Darstellung nicht oberflächlich oder schematisch wirkt.

In unserem Fall handelt es sich natürlich nicht um eine Beziehung zwischen Vorgeschichte und Geschichte, doch die gesellschaftliche und kulturelle Kluft zwischen Menschen, die in Häusern, und Menschen, die in einem *tugurio* wohnen, ist entscheidend. Ein Großteil des psychologischen und sozialen Verhaltens derjenigen, die in *tuguri* leben, also mindestens mit einem Fuß in der Vorgeschichte stehen, bleibt nämlich unveränderbar.

Dieser Satz trifft natürlich nicht auf den zu, der durch äußere Notwendigkeit, durch vorübergehende Umstände gezwungen wird, in den *tuguri* zu leben. Andererseits sind dies die traurigsten, schrecklichsten Fälle, ist doch ein solches Leben wirklich eine bewusst erfahrene Verdammnis. Wer jedoch von Geburt an, durch schicksalhafte Vorbestimmung, hier lebt (meist Leute, die aus dem Süden kamen, aus ebenso elenden Dörfern in Kalabrien, Lucania, den Abruzzen), für den gilt das oben Gesagte ohne Einschränkungen. Diese Menschen sind reinstes Subproletariat, allerdings eine sehr komplexe Variante, weil sich hier die ursprünglichen Lebensumstände unterentwickelter Regionen mit einem typisch römischen Zustand halber Illegalität oder Delinquenz und mit moralischen

Einstellungen vermischen, die von der heutigen Welt mit ihrem Radio, ihren Zeitungen usw. geprägt sind.

Die *tuguri* sind Brutstätten von Krankheiten, Gewalt, Verbrechen und Prostitution – Wörter, die nur eine abstrakte Vorstellung von derartigen Lebensumständen vermitteln.

In Rom gibt es Dutzende von *tuguri*. Zwischen den Lücken der Stadt ducken sie sich auf Wiesen und in ausgetrockneten Wassergräben, kilometerlang ziehen sie sich an Eisenbahndämmen und Erdwällen entlang, klammern sich an die hohen Mauern der Aquädukte.

Der Mandrione ist einer von ihnen. Am Ende der Via Casilina, kurz vor dem Quadraro-Viertel gibt es einen Aquädukt, unter dessen Bögen die Straße hindurchführt. Links die Überreste eines barocken Stadttors und ein herrlicher Brunnen. Man geht weiter und gelangt in etwas wie Eingeweide: auf der einen Seite die gigantische Mauer des Aquädukts, auf der anderen eine Eisenbahnlinie zwischen schmutzigen Dämmen und Müllkippen.

An diese Mauer sind die *tuguri* gebaut. In den ersten wohnen Zigeuner, hinter dem nächsten Bogen und eingezwängt zwischen zwei Überhängen aus Ruinen dann das eigentliche Dorf.

Was sich da auf dem schlammigen Grund aneinanderreiht, sind keine menschlichen Behausungen, sondern Pferche für Tiere, Hundezwinger. Gebaut aus fauligen Brettern, bröckelnden Mäuerchen, Wellblech und Wachsleinwand. Als Tür dient meist nur ein alter, schmutziger Vorhang. Durch die handtellergroßen Fensterchen sieht man ins Innere: zwei Pritschen, auf denen zu fünft oder sechst geschlafen wird, ein Stuhl, ein paar Konservendosen. Der Schlamm kommt bis ins Haus.

Auch tagsüber stehen die Prostituierten vor den Türen ihrer Hütten. Über den Schlamm hüpfend kommt manchmal ein Mofa, ein Auto mit jungen Leuten an. Wütend rufen die Mütter ihre Töchter zur Arbeit.

Ein Türchen öffnet sich, eine Prostituierte schüttet das Wasser aus ihrer Waschschüssel auf der Straße aus, mitten zwischen die Füße der spielenden Kinder, gleich danach kommt der Kunde heraus. Alte Frauen jaulen wie Hündinnen. Dann fangen sie plötzlich an zu lachen, als sie einen Krüppel sehen, der aus seinem Schlupfloch kriecht, einem in die Mauer des Aquädukts gegrabenen *tugurio*.

Im Hintergrund schaut sich eine Gruppe Jugendlicher verstohlen um, ihre Blicke sind anbiedernd und bedrohlich zugleich. Ein paar spielen unterhalb des Eisenbahndamms zwischen Dreck und Müll, und sie sind so auf die Karten konzentriert, dass sie stundenlang nicht merken, was um sie herum vor sich geht.

Mit sechzehn fangen viele von ihnen als Zuhälter an. Es gab einen Jungen, der mit sechzehn Jahren schon zwei Frauen für sich arbeiten ließ...

Mittlerweile haben die repressiven Maßnahmen des Polizeipräsidenten Marzano dieser Welt ein wenig von ihrem »Kolorit« genommen, doch lässt sich das Problem damit natürlich nicht lösen. Ja, mit den offiziellen Methoden und Mitteln könnte es derzeit wohl niemand lösen. Diesen Prostituierten, diesen Zuhältern, diesen »Elenden« ehrliche Arbeit und ein Heim zu geben, würde wahrscheinlich noch nichts bewirken, weil ihr psychischer Zustand inzwischen pathologische Formen angenommen hat. Diese Psyche auf dem Weg des religiösen Erbarmens wieder aufzubauen, wäre im Grunde eine mögliche Lösung, aber das tut niemand. Politisch gesehen gehören diese Abertausend Unglücklicher in das Muster des typischen Subproletariats. Aber woher den Mut nehmen, ihnen Hoffnung zu machen?

Ich erinnere mich, dass ich eines Tages mit zwei Bologneser Freunden, die von dem Anblick entsetzt waren, im Auto durch den Mandrione fuhr. Vor ihren *tuguri* tummelten sich Kinder von zwei bis vier oder fünf Jahren im dreckigen Schlamm. Ihre Kleider waren Lumpen, einer trug sogar ein wer weiß wo aufgetriebenes Fell, wie ein kleiner Wilder. Sie liefen ohne irgendwelche Spielregeln hin und her, wie Blinde rannten sie aufgeregt über die wenigen Quadratmeter, auf denen sie geboren waren und die sie niemals verlassen hatten. Nie hatten sie eine andere Welt gesehen als die Hütte, wo sie schliefen, und die zwei Handbreit Schlamm, wo sie spielten. Als sie uns mit dem Auto vorbeifahren sahen, legte sich einer, ein kleiner, ungeachtet seiner zwei oder drei Jahre schon recht stämmiger Junge das dreckige Händchen an den Mund und schickte uns ganz aus eigenem Antrieb einen fröhlichen, liebevollen Kuss zu…

Die pure Vitalität, die am Grund dieser Seelen liegt, bedeutet eine Mischung aus dem Bösen im Reinzustand und dem Guten im Reinzustand: Gewalt und Güte, Bosheit und Unschuld trotz allem. Etwas kann und muss man also tun.

»Unter einem Aquädukt«,
1951

**Im blendenden winterlichen Halbschatten**
lastet der frühe Nachmittag auf
der mit ihren Speisen aufgezehrten Stadt
und nichts was man entdeckte oder wiederbelebte
im blendenden winterlichen Halbschatten
für bedrückte Herzen oder die tauben Zimmer
wo die aufgezehrten Speisen lasten,
so steigt im blinden Schattenlicht
das Leben kraftlos auf bis zur Spur
der Zeit über der Stadt, die abgestanden
jede Lücke, jedes Viertel ausfüllt,
von den Hausfluren bis zu den verlassenen Laken,
von den Dächern in der Leere einsamer Plätze
bis zu den Gässchen, schimmlig inmitten der Laster,
bei blendendem winterlichem Halbschatten.

***Arme Weiblein aus dem Norden***
sie gehen im Schatten des Frühlings
über die Straße von Rebibbia,
in der Abendluft, reglos wie Stein.
Ein Lämpchen im Hintergrund und Schatten, Stimmen,
lau wie die reglose Luft, bringen
eine Ahnung von Unglück; sie dagegen
sind sanft, heiter, es scheint wie früher,
in anderen Leben, anderen Gegenden, als
die Zeit so grausam neu war,
der Abend antiken Abenden so gleich;
nur dass ich hier, fast körperlos, spüre,
    dass die verlorenen Jahreszeiten inzwischen
      im Schatten liegen, einem Schatten ohne menschlichen Laut...

## DAS ROM DER GAUNER

Wann immer sich mir die Gelegenheit bietet, sage ich, dass Rom die schönste Stadt der Welt ist. Von allen Städten, die ich kenne, ist sie diejenige, in der ich am liebsten lebe – ja, inzwischen kann ich mir nicht mehr vorstellen, woanders zu leben. In meinen schlimmsten Alpträumen muss ich Rom verlassen und nach Norditalien zurückkehren. Roms Schönheit ist natürlich ein Geheimnis: Wir können zwar den Barock nennen; die Atmosphäre der Stadt; ihr ganz aus Senken und Hügeln bestehendes Territorium, durch das immer wieder unerwartete Ausblicke entstehen; den Tiber, der sich durch die Stadt schlängelt und in ihrer Mitte wunderbar luftige Räume öffnet; und vor allem die Schichtung unterschiedlicher Stile, die hinter jeder Straßenecke mit dem Anblick eines neuen Querschnitts aufwartet – dieses Übermaß an Schönheit ist geradezu traumatisch. Aber wäre Rom die schönste Stadt der Welt, wenn sie nicht auch gleichzeitig die hässlichste Stadt der Welt wäre?

Schönheit und Hässlichkeit sind natürlich verbunden: Die Zweite macht die Erste ergreifend und menschlich, die Erste lässt die Zweite vergessen.

Es gibt kaum ausschließlich schöne und ausschließlich hässliche Stellen in der Stadt. Wenn ihre Schönheit sich absondert, hat sie im besten Fall etwas Archäologisches, doch häufiger ist sie Ausdruck einer undemokratischen Geschichte, in der das Volk als Farbtupfer dient wie auf einem Druck von Pinelli.

Im Gegensatz dazu ist ihre Hässlichkeit, wenn sie sich absondert und fast an Grausamkeit reicht, niemals nur deprimierend und abweisend: Der Hunger, das Leiden sind hier Allegorie, und die Geschichte ist unsere Geschichte, die des Faschismus, des

»Turnübungen an
der Piazza Navona«, 1952

Krieges und der Nachkriegszeit. Durch und durch tragisch, aber gegenwärtig und darum voller Leben. Die Hoffnung ist nicht einmal politisch, denn das Subproletariat, das hier lebt, bekennt sich zu einem recht seltsamen, wirren Kommunismus. Es ist eine reine Hoffnung: die eines Menschen, der vor der Geschichte lebt und darum die ganze Geschichte noch vor sich hat. Ein anarchischer und infantiler Zustand. Die Verbrechen, von denen man täglich in den römischen Zeitungen liest, wurden alle von Schwachen, Verängstigten begangen. Sie töten, um nicht getötet zu werden, sie verhindern das Böse mit dem Bösen. Wer zuerst losschlägt, ist im Vorteil, denkt ein Junge aus dem römischen Volk, der, Händel suchend, immer zu einer Schlägerei bereit, »in Rom« spazieren geht. Seine Moral ist eine Moral des Dschungels, zumal wenn er schwach ist. Die Regeln menschlichen Verhaltens, die auf einem Platz in Trastevere, im Testaccio oder im Borgo Panico und besonders in den Vorstädten praktiziert werden, gründen auf dem Terror. Fröhlichkeit, Spott, Ironie, Gerissenheit, sind nur mehr oder weniger einfallsreiche Anwendungen eines ungeschriebenen Kodex, den man mit ein bisschen Geduld und statistischem Geschick aber auch niederschreiben könnte, natürlich mit Varianten von Viertel zu Viertel.

Ich würde zum Beispiel gerne den Ehren- oder Verhaltenskodex der Juden auf der Piazza Giudía aufschreiben. Ihr psychologischer Scharfblick, ihr uraltes Wissen um die menschliche Typologie macht sie zu den anspruchslosesten, prosaischsten, skeptischsten Menschen der Welt, und gleichzeitig ist niemand wie sie imstande, dich zu verstehen, dich in deinen Stärken und Schwächen zu erkennen, dich also zu respektieren. Falls du dich als ebenbürtig erweist, bleibt ihr poetisches, pikareskes Geheimnis dennoch gewahrt. Gerne würde ich auch das Handbuch des perfekten Gauners aus Trastevere oder dem Borgo Panico schreiben, das an Strenge und Konventionalität der Verhaltensregeln sicher seinesgleichen suchen würde, obwohl es einen gewissen Freiraum für menschliche Regungen und eine bestimmte aristokratische Liebenswürdigkeit vorsieht (es gibt nämlich einen Adel des Plebejers). Der Kodex dieser Stadtviertel, die über Traditionen und Gewissen verfügen, könnte rückständiger nicht sein. Er gründet auf dem charakteristischen Narzissmus und Exhibitionismus der römischen Jugend, Eigenschaften, die, medizinisch gesprochen, eine Fixierung darstellen, weshalb sie auch bei den Alten überdauern. Die Frauen, die dementsprechend vernachlässigt werden und etwa so viel Wertschätzung genießen wie ein Goldkettchen, ein Paar spitze Schuhe oder ein die männliche Schönheit betonendes Schmuckstück, sind darüber ein wenig hässlich und boshaft geworden. Sie rächen sich, wo sie nur können, sind erbarmungslose Hüterinnen des Kodex und streben zugleich verzweifelt nach dem Kodex des Kleinbürgertums, der aus der Oberklasse stammt, mit der sie ebenso häufige wie oberflächliche Kontakte pflegen.

Vom Stadtkern ausgehend, verbreitet sich das Muster des plebejischen Gaunerdaseins, der »dritteria«, der Abgebrühtheit, und wandelt sich mit immer neuen Varianten. In den neueren Vierteln, für das Kleinbürgertum in einer Peripherie gebaut, die allmählich Teil des Zentrums wurde, zeigt es eine typische Tendenz zu weniger sympathischen Formen der Delinquenz. Dieselben Phänomene, die man in Testaccio in einem fortgeschrittenen Stadium findet, erlebt man in einem viel früheren Stadium zum Beispiel in der Garbatella oder in Casal Bertone, einer kürzlich an der Prenestina erbauten Vorstadt mit bescheidenen, aber reinlichen Sozialwohnungen. Hier überwiegt, in unterschiedlichen Formen und Phasen, die Nachahmung des Vorbild-Kodex. Es müsste der Kodex der Unterwelt von Trastevere sein, doch wie alle Nachahmer haben die Vorstädter, die kleinen Gauner vor den Toren Roms, weniger Klasse, und in Sachen Brutalität und Leichtfertigkeit übertreffen sie ihre Vorbilder.

In den Vorstädten verschärft sich die Situation, es kommt zu einem qualitativen Sprung. Derselbe Sprung wie in der Architektur, der aus der Vorstadt ein ganz eigenes Phänomen gemacht hat, denn sie bleibt abgeschottet vom allmählichen Entwicklungsprozess der noch trostloseren, noch chaotischeren Peripherie. Entstanden sind die Vorstädte, als die Faschisten ganze Viertel abreißen ließen. Die erste Schicht ihrer Bewohner stammt daher aus dem Zentrum Roms, aus dem Borgo Pio zum Beispiel. Aber dann kamen unzählige andere Gruppen hinzu: gleich nach dem Krieg Flüchtlinge, »verstädterte Bauernlümmel« und Leute aus Monte Cassino, in jüngerer Zeit Einwanderer aus allen Teilen Italiens, wobei die süditalienischen Regionen traditionell überwiegen. In diesem Gürtel aus Vorstädten, von Tufello bis Pietralata, von Tiburtino bis Quarticciolo, von Quadraro bis Tor Marancio, leben viele hunderttausend Entrechtete, Tagelöhner oder Arbeitslose. Ihr Leben ist so entwurzelt, so provisorisch, dass in ihrer heidnischen Moral, der Moral aufgestiegener Süditaliener oder zurückgeworfener Römer, vorwiegend Verwirrung herrscht. In allem, was sie tun. Ich würde sogar von neurotischem Verhalten sprechen. Ich meine nicht die Dörfer der »tuguri«, der Slums, die an den Mauern der römischen Ruinen im Schlamm versinken. Dort versagen alle Definitionen: Man findet unheilbare Bosheit und überirdische Güte – oft in ein und derselben Seele.

»Römischer Straßenfußball«,
1950

## TRIUMPH DER NACHT

Die Masse der orangefarbenen Trümmer,
welche die Nacht mit der frischen Farbe
des Kalksteins schlammig überzieht, der Bastionen
aus leichtem Bimsstein, pflanzenartig
wächst sie zum Himmel hinauf: und kahler,
darunter, die Caracalla-Thermen, die zum Glühen
des Mondes das starre Braun der
graslosen Wiesen aufreißen, der zertretenen
Brombeeren: alles verraucht und wird schwach
zwischen Säulenreihen von Caravaggio-Staub,
und Magnesium-Fächern,
die der kleine Kreis des ländlichen Mondes
in schillernden Nebeln modelliert.
Aus diesem mächtigen Himmel steigen, gewichtige Schatten,
die Freier hinab, Soldaten aus Apulien
oder der Lombardei, oder Bürschchen aus Trastevere,
allein oder in Cliquen, und halten auf dem kleinen Vorplatz,
wo die Frauen, leicht und getrocknet
wie Tücher, bewegt von der Abendluft,
rötlich schimmern, ihre Schreie – die des schamlosen
Mädchens, der unschuldigen Alten, der
Mutter: Und im Herzen der Stadt, die jetzt nahe
herandrängt, mit dem Geknarze von Trams und den Lichter-
Knäueln, da schürzen sie, in ihrer Caina, die Hosen
die hart sind vor Staub, und versteigen sich
wie launisch, zu verächtlichen Galoppen
über Unrat und bläulichem Tau.

## FORTSETZUNG DES ABENDS
## VON SAN MICHELE

Zeuge und Teilhaber dieser
Rohheit, dieses Elends kehre ich zurück
entlang des korallenroten Damms,
verkrampft vor Herzklopfen – sklavisch
in meinem Wissensdurst, im Drang zu verstehen,
der doch, in diesem Leben, nie ein Ende nimmt,
auch wenn das Leben, gleichwohl fieberhaft
rückfällige Monotonie ist, Laster
der Wiederholung und des blinden Grolls …

Als müssten Rom oder die Welt mit diesem
alten Abend anheben, diesen tausendjährigen
Gerüchen, spaziere ich den Abgrund entlang,
den der Tiber barbarisch aufreißt
zwischen dreckigen Schlafsälen, spagnolesken
Terrakotta-Vierteln, kleinen Plätzen, deren Glanz
sich auf den einen oder anderen barocken und fahlen
Schnörkel einer entweihten und jetzt
Depot gewordenen Kirche reduziert, zwischen schwarzen Gässchen,
die Staub und Mond, Alter und Frevel
weiß übertünchen – Knorpel,
von denen die Pflaster beim Auftreten widerhallen.

Ich nehme den Weg nach San Michele, zwischen niedrigem
Mauerwerk, beinahe Kasematten, grobkörnigen,
Plätzen, über denen der Mond schimmert

wie über verkümmertem Kies, Terrassen,
auf denen eine Nelke hervorlugt
oder ein Rautenköpfchen, von Mädchen
im Nachthemd gegossen: und die stumme Luft
schickt ihre Stimmen von Gefängnisinsassinnen
durch die Tuffsteinmauern mit Türen wie Luken
und gekrümmte, zweibogige Fenster. Aber stolz tönen
die Schreie der noch zarten jungen Burschen, die
von den ersten Vorstellungen heimkehren, mit T-Shirts
und Ruderleibchen, die über den schmalen
und gürtellosen Taillen flattern  Auf dem Vorplatz
des Hauses stehen sie zusammen, rund um das schon
leere Café, oder weiter drüben zwischen den Karren
oder den rostroten Lastwagen, in leblosen Reihen,
da wo der Mond am hellsten glüht, und die Gässchen,
in die sie münden, am dunkelsten sind – oder gerade hell
genug, um, von der Seite, in einem Gestein,
so leicht und knochenlos wie ein Schwamm,
eine protzige Mauer freizugeben,
überzogen mit Bossen und Fensterrosen;
und über diesem mexikanischen Viertel versprüht
der Himmel seinen unbekannten Zauber,
mit Dünsten, frisch wie Apfelschalen
über den Hütten des Proletariats,
das, in Demut und Rauflust, den Abend begeht.

»Wandmalerin
in Trastevere«, 1953

## NACHTWACHEN. DER 21. OKTOBER

Ich lasse das Auto zwischen den Parzellen des Trullo-Viertels stehen, wo der Boden von neuerlichen Regengüssen verschlammt und nach der letzten Hitze wieder steinhart geworden ist. Es ist die Zeit, da sich die Schultore öffnen. Ein Gewimmel aus Kindern, ihren Müttern und robusten Nonnen durchsetzt lärmend das arme Wohnviertel, das rechteckig ist wie ein Konzentrationslager, mit schwindsüchtigen Bäumchen, die auf dem Lehmboden prächtige Plätze vortäuschen sollen. Kindchen, winzig wie Stecknadeln. (Nur der kleine Teil der römischen Kinder, der sich auffällig verhält, ist kräftig und lebhaft, in Wirklichkeit ist ihr Ameisenhaufen friedlich, schwach und erbärmlich: Sie haben die Stimmchen und die Hautfarbe unterernährter, zerbrechlicher Wesen, wie unten im Süden.)

Ich klettere den Hügel hinauf, er ist nackt und rissig wie ein Kalvarienberg, und auf dem letzten Buckel durchfährt mich plötzlich – unter der schönen, endlich erreichten, in ihrem Weiß fast schmerzhaften Sonne – die Idee zum Ende des dritten Aktes des Theaterstücks, das ich gerade fertigstelle. Es ist das Aufwallen eines Glücksgefühls. Wie sehr verstehe ich Boiardo, der alle Glocken von Scandiano läuten ließ, wenn er einen guten Einfall für sein Poem hatte! Ich fühle mich leicht, fliege fast und blicke mich nach allen Seiten um: Vom Gipfel des Trullo aus erscheint zu Füßen des Hügels das Trullo-Viertel mit seinen ordentlich unterteilten, dampfenden Parzellen, schlammfarben vor dem schlammfarbenen Hintergrund der sich in Richtung Meer hinziehenden Hügelkette: es sieht aus wie ein Winkel in der Lombardei, mit einer riesigen, verlassenen Fabrik. Wie auf dem rosa Grund einer Ansichtskarte übersichtlich verteilt, sieht man auf der anderen Seite das EUR, vom großen Pilz aus Zement bis zum tellerförmigen Sportpalast, dem Rechteck des Ausstellungspalasts, der großen Kuppel der Kirche und zwei bruchstückhaften Wolkenkratzern bis hin zur Kuppe einer Anhöhe in der Nähe, wo ein Gehöft aus der Zeit des Kirchenstaats zwischen Eukalyptusbäumen pathetisch verfällt.

In meiner Nähe spielen im sonnigen mittäglichen Frieden zwei dieser kleinen Kinder, die man hier überall antrifft, wie weidende Schäfchen, die auf der Suche nach wer weiß was über die dünne Schicht aus Schlamm streifen. Sie kommen nah an mir vorbei, als sähen sie mich nicht, verschwinden fast in ihren Säckchen aus Lumpen. Ich greife einem unter die Achseln und hebe ihn hoch gegen den Himmel wie Astyanax. Der Ärmste, er ist nicht mehr als ein Fliegengewicht, kompakt und zart, in die Augen ein wenig Bestürzung aquarelliert. Dann lächelt er mich an, sofort ein Freund. Mich durchbohrt ein – sicher unberechtigtes, sicher unerwünschtes – Mitleid mit diesen unschuldigen kleinen Geschöpfen, die ausweglos dazu verurteilt sind, gemein und böse zu werden.

***In Ostia, um Mitternacht – der Maskenball.***
Vorsicht … jetzt fluche ich
vor Freude, in Gedanken an ein Bett,
in dem dir, Komparse
von »Unter der Sonne Roms«
ein Beutelächeln zuteil wird.

Nur ein Mal habe ich dich geküsst,
gestern Abend, auf dem Ponte Mazzini,
aber der Kuss, er galt ganz Rom

und die Zeit war dein Mund.

Das Bett von Ostia wird kommen – der Maskenball –
aber was soll ich
mit deiner Kapitulation? Ich liebe dich, und das genügt.
Ich will dich nicht demütigen.
Ich, norditalienischer Bursche, von dir
zärtlich geschmäht.

Du weißt alles, ich nichts.
In deinen Augen ist Trastevere
wie ein Knabe in seinem Grab.

… In Ostia, in Ostia,
die ganze Nacht … Wir werden alleine
zu Abend essen. Deine Augen wiegen
San Pietro und das Tyrrhenische Meer:
Warum hast du
gestern Abend beim Verabschieden fast geweint?

Du bist schmal, mein schmerzlicher Komparse.
Roms Sonne hat dich aufgezehrt.

Sei nicht misstrauisch.
Für jeden Verdacht auf Bitterkeit
entschädige ich dich mit tausend Zärtlichkeiten.
Ich werde deine Mutter sein und dein Sohn.
Und in den Träumen dein Gefährte,
der rauchend den Tiber entlanggeht.

## SO HABE ICH ROM NOCH NIE GESEHEN

Langsam und ein wenig lustlos gehe ich an der Porta Pia los. Es herrscht die übliche Atmosphäre an den Rändern öffentlicher Ereignisse: bewegt, aber farb- und fast geräuschlos. Die ersten Busse halten an, hysterisch protestieren hier und da die Autos mit einem quälenden, kurzen Hupen. Ich betrachte die Leute, die, wie ich, zum Corso d'Italia gehen oder hier an der Porta Pia stehen bleiben: junge Männer, nicht deutlich zu erkennen, sind auf das Denkmal des Bersagliere geklettert, am Sockel haben sie ein Rudel Mofas zurückgelassen. Auf der Straße stehen vor allem ältere Männer, Arbeiter und Angestellte, dazu viele Frauen, einfache, nicht mehr junge Frauen.

Es weht ein dünner Herbstwind, das Licht ist nördlich, weiß und verschwommen. Und eine große Stille, die durch den gedämpften, wie zerrissenen Verkehrslärm noch seltsamer erscheint. Jetzt bildet die Menge rechts und links vom Corso d'Italia dichte Flügel, in der Mitte der Straße fahren Polizeieinheiten vorbei und verschwinden wieder, als wären sie gar nicht wirklich. Zwischen ihnen und der Menge gibt es keine Feindseligkeit. Alles wirkt wie schwebend, auf später verschoben: auch ich finde mich nur mit den Augen wieder, als hätte ich kein Herz, im reinen Warten. Doch durch die Augen füllt sich allmählich auch das Herz.

Solche Menschen habe ich in Rom noch nie gesehen. Mir ist, als wäre ich in einer anderen Stadt.

Der Corso d'Italia läuft in einem Bogen unterhalb der Stadtmauern entlang, und die Menge, die sich an seinen Rändern drängt, ist unüberschaubar. Ein alter Mann blickt sich eingeschüchtert um und sagt zu seinem Begleiter, der stumm neben ihm steht: »Sie kommen ganz von selbst.« Und demütig betrachtet er die zahllosen Menschen, die ihm gleichen. Ich gehe ein wenig weiter auf dem breiten Bürgersteig. Als ich einen Spalt in der Menge sehe, bleibe ich stehen, unter einem Baum, schon halb kahl, doch immer noch voll vom römischen Sommer, der nie sterben will. Zwei Männer, keine Jungen mehr, sind hinaufgeklettert und sitzen rittlings auf den Ästen, schweigend, am Stamm lehnen ihre Fahrräder. Ein junger Mann kommt vorbei, ein kecker Junge vom Land, nähert sich dem Baum und fragt, hoffnungsvoll nach oben blickend, mit seinem groben Akzent: »Genosse, hilfst du mir?« Ohne ein Wort hilft ihm einer der beiden auf dem Baum langsam nach oben. Vor mir stehen vier oder fünf Männer zwischen vierzig und fünfundvierzig Jahren, Arbeiter, manche mit der Ehefrau, die ein wenig abseits bleibt, gesammelt, als wäre die Beerdigung von Di Vittorio etwas, was vornehmlich Männer angeht.

Stumm nähern sich die Kranzträger: eine Menge, die sich ihren Weg durch die Massen bahnt, unermesslich groß die eine wie die andere.

Tausende und Abertausende Männer und Frauen, fast alle in Anzügen, die nicht ihre Arbeitskleidung sind, aber auch nicht die guten Anzüge, die Festkleidung – es sind die Sachen, die sie abends anziehen, nachdem sie Schmiere oder Ruß abgewaschen haben, um auf die Straße, auf die Piazzetta zu gehen. Man sieht weder zerschlissene Kleidung noch die Pullover oder Hosen, die in der römischen Peripherie als elegant gelten. Alle haben starke, ehrliche Gesichter, von Müdigkeit und Entbehrung gezeichnet. Mir zeigt sich Rom zum ersten Mal in diesem Licht.

Aus der Stille ihrer Existenzen, die gleichwohl den größten Teil der Stadt bilden, hierher verschlagen, zeigen sie in aller Bescheidenheit die Stärke des Gewissens. Sie zeigen, dass die Geschichte nie anhält. Der anarchische, skeptische, ausschweifende, leichtsinnige Römer hat bereits dieses Gesicht angenommen, diese Härte, diese bescheidene Sicherheit. Wie groß der Anteil des Mannes, dessen Leichnam heute zum Friedhof getragen wird, an dieser Entwicklung ist, vermag ich nicht zu sagen. Sehr groß vermutlich, wenn all diese Menschen das mit so spontaner, verwirrender Zuneigung empfinden. Sicher muss niemand ihnen sagen, dass sie einen Bruder verloren haben: sie sind voll stummer, verzweifelter Dankbarkeit.

»An der Porta Maggiore«,
1950

## NOTIZEN ZU EINEM ROMAN ÜBER DEN MÜLL

Ich möchte euch von einem Sonnentag erzählen,
der im April 1970 Rom überstrahlte:
die Straßenfeger blieben zuhause
Wir sind hier, in unserer Wohnung, der Borgata:
unser Dolmetscher weiß alles über uns, der einzige
Unterschied besteht darin, dass er –
Wer für uns spricht, ist mit einer unaussprechlichen Tatsache
                                                  konfrontiert,
denn Straßenfeger zu sein, ist ein großes Geheimnis.
Niemand weiß, wo und wann
die Berufung herkommt
Such nur, such! Und wo landest du dann?
Am Ende der Welt: da unten
wo ein Feuer prasselte, vielleicht überm Meer;
oder unter einem Berg, da lag das Aas
einer armen Katze, die es schlimm erwischt hat:
Wer hätte gedacht, dass uns das Gleiche passiert?
Und doch hat diese Berufung sich eingestellt
Wir gehören dem Orden der Straßenfeger an
Wir ähneln einander alle wie die Mönche:
Das erste Gelübde wäre jenes der Stille
Der Straßenfeger geht ganz allein mit seinem Eimer
auf dem Wägelchen, und schiebt ihn suchend vor sich hin –
Bei Sonnenschein oder bei Schlechtwetter schiebt er den Karren
mit dem Eimer, und dem Riesenbesen, blickt um sich –
Lässt sich durch nichts ablenken, wie ein Betender –
Ihm genügt es, an der Küste entlangzustreifen

oder zwischen den Häuserreihen der Stadt –
Der Müllmann geht ganz allein und stumm, blickt um sich –
Er versammelt sich mit den anderen Müllmännern, wo keiner
                                                      sie sieht,

wie die Mönche
Puerum Deus me appellavit, mater mea
serva erat, pater servus;
sicut Sanctus Agostinus
pomos in hortis involavi;
saxa eieci contra pueros aliorum suburbiorum;
in pratis et in cavernis cum amicis meis
actos impuros feci;
postea homo factus sum: et viam incepi
quam nullus amicus, nullus homo cognoscit;
Deus mihi eam instruxit;
Per illam viam hic perveni.
Und heute, am 24. April 1970
wird gestreikt: der Orden der Müllmänner
ist in die Geschichte eingegangen;
man muss froh sein, als wären die Engel
auf die Erde hinabgestiegen, um sich auf die Bänke am
                                                      Wegrand zu setzen
und auf die kleinen Mauern der Borgata,
es ist der Tag der Verkündigung;
jegliche Trennung zwischen dem Reich Allertage
und dem Reich des Gewissens ist aufgehoben:
unangetastet bleibt nur die Demut;
denn wem eine wirkliche Berufung zuteil geworden ist,
der kennt die Gewalt nicht und spricht voller Anmut,
auch von den eigenen Rechten.

## 3. MAI 1962, 10.30 UHR

Um nach Cecafumo zu kommen – dem Markt von Cecafumo, also dem Ort, wo wir heute arbeiten müssen – bin ich über eine wunderschöne Straße gefahren. Es war zwischen sieben und acht Uhr morgens, eine Stunde, zu der ein Licht herrscht, das ich kaum kenne, weil ich meistens lange schlafe. Ich bin über die Garbatella gefahren, an den Mauern von San Sebastiano entlang, über die Appia Antica und die Appia Pignatelli, bis ich zur Appia Nuova kam, und von dort bin ich durch gewaltige Ruinen hindurch – die Bögen des Aquädukts, an die sich die Dörfer der Tuguri klammern – in Cecafumo angekommen.

Mitten auf dieser Strecke hat man den Anblick mit sattem Grün bedeckter Wiesen in der Morgensonne. An einem Punkt der Appia Pignatelli, den ich nicht genau angeben kann, sah ich eine üppig mit verschlungenem Laub bewachsene Mauer, und das Grün war fast schwarz, aber der Sonne direkt ausgesetzt, sodass die Gewalt des Gegenlichts einige Blätter inmitten dieses Schwarz glänzen ließ, als wären sie aus Metall.

Über dieser Mauer gab es eine zweite Mauer, auch diese mit ebenso dichter Vegetation überwuchert, doch da sie schräg verlief, wurde sie von einem anderen Licht erfasst, und hier schienen alle Blätter aus Metall.

Und über dieser mit funkelnden Blättern bedeckten Mauer die Baumwipfel eines Wäldchens in einem anderen Grün, beleuchtet von einem anderen Licht, dunstig, verschleiert, träumerisch.

Dieses Übereinander von Grüntönen in einem unterschiedlichen Licht hat mich plötzlich an einen weit zurückliegenden Frühlingstag erinnert, an dem unsere Familie in einem ebenso frühen und dennoch glühenden Licht zu einem Ausflug aufbrach. Der Beginn eines Ausflugs in meiner Kindheit. Ein Ausflug, den meine Mutter und meine Tante geplant hatten, zur gleichen Tageszeit, aber in einer vollkommen anderen Landschaft, einer Landschaft in Venetien, der venezianischen Ebene, und zwar von Sacile bis an die Hänge des Monte Cavallo. Als wir am Ziel ankamen, schien eine Sonne ganz ähnlich der Sonne von heute Morgen... Bei der Erinnerung, die der Anblick dieser grünen Mauern an der Appia in mir ausgelöst hat, habe ich an meine Mutter gedacht, und ich habe mir diese Episode als eine der Episoden im Leben meiner Mutter vorgestellt, ihrem armseligen Leben. Die Präzision, die Konkretheit, Klarheit, Armut und Absolutheit der winzigen Einzelheiten, die nach und nach ein ganzes Leben bildeten, haben mich auf unerklärliche Weise erschüttert. Und so stand ich auf den Lichtungen von Acqua Santa an der Appia Nuova vor einer grenzenlosen Weite leuchtenden Grüns mit Tränen in den Augen.

***Auf dem Gässchen, dicht überm verschlossnen Himmel,***
wie im Verschlussraum eines Zimmers, finden
und entzünden die unterbundenen Laute sich,
an einem römischen Tag, dessen Farbe erlischt. Wie
in einem Hof der Kindheit – die Schritte
von Tieren, ein Abschied, ein züchtiger Schlag
auf einen leeren Gegenstand, der in der Brust
ein vertrautes Echo wachruft: wo die Welt,
vergehend, sich an ein paar teure Noten hält.

»Der Ponte Sant Angelo«,
1950

**Zu Ende das Fest über Rom, taub**
für jede arglose Erwartung, zu Ende der Tag,
wie Abfall im Wind sind die Schritte
des Heimwegs, die Stimmen, die Pfiffe, ersterben
weithin auf den Straßen, spärlich
in den Häuserfluren. Zeit für das Abendessen:
Dann, später, mit dem rastlosen Gewicht
des schmutzigen, luftlosen Schattens, im
festlichen Gewand fremder Menschen, da,
wo das Chaos der Stadt gefriert
zur Helligkeit gestirnter Lichter,
entlang von Straßen, die ein tödlicher Frieden
einfasst, kehrt der uralte Abend wieder…
Entlang der verlassenen Uferwege
funkelnde Scheinwerferkronen,
vereinzelt Sterne zur Seite der Wolken –
und über den Peripherien, vom Testaccio
bis zum Monteverde, hängt müde und feucht
ein Zittern von Passantenstimmen
und Motoren – versprengte Verkrustung
unserer Welt, über dem stummen Universum.

## »DAS ABENTEUER IST VORBEI«

*Seit Ihren Anfängen in Rom sind etwa 23 Jahre vergangen.*
Ja, ungefähr.
*Warum hatten Sie sich Rom ausgesucht?*
Das war keine freie Wahl. Das heißt, wenn ich hätte wählen können, hätte ich mich wahrscheinlich, sehr wahrscheinlich für Rom entschieden. Aber ich bin nur wegen einer Reihe familiärer Umstände hier hergekommen, weil ich hier eine gewisse Garantie hatte, dass ich ein neues Leben anfangen konnte, das war der Grund.
*Seit 23 Jahren leben Sie in Rom. Gibt es nach so langer Zeit zwischen Ihnen und der Stadt eine Beziehung mit Soll oder mit Haben?*
Nun ... bis vor fünf oder sechs Jahren war diese Beziehung wunderbar, ich habe viele Gedichte geschrieben, in allen Gedichten von »*Gramscis Asche*« bildet Rom den Hintergrund, ich habe zwei Romane geschrieben, ich habe Filme gemacht, die Rom betreffen, also gab es eine wirkliche, eine wahre Liebe, wenn man von Liebe zwischen einem Menschen und einer Stadt sprechen kann. Ich schulde Rom sogar sehr viel, ich schulde Rom meine Reife, und das habe ich in dem Gedicht »*Die Klage des Baggers*« tatsächlich so beschrieben, dass eine Schuld bezeugt wird: »Wundervolle und elende Stadt, / die du mich lehrtest, was fröhlich und wild / die Menschen als Kinder erlernen, // die kleinen Dinge, in denen die Größe / des Lebens sich friedlich entdeckt (…) Wundervolle und elende Stadt, / die du mich die Erfahrung // jenes unbekannten Lebens lehrtest / bis ich entdeckte / was in jedem die Welt war.« Seit fünf oder sechs Jahren aber ist das alles vorbei. Das liegt weniger an einem Bruch in meiner Beziehung zu Rom als an einem Bruch in meinen Beziehungen zur ganzen italienischen Gesellschaft. Wenn Rom sich verändert hat,

extrem zum Schlechten verändert hat, ist das nicht die Schuld der Stadt. Diese Veränderung entstand nicht in dieser Stadt, sie ist Teil eines Verfallsprozesses, der die gesamte italienische Gesellschaft betrifft.
*Abgesehen von dieser jüngsten Trennung, haben Sie die Stadt denn vorher, also bis vor fünf oder sechs Jahren, verstanden, glauben Sie, dass Sie sie gekannt haben?*
Zweifellos. Doch jetzt hat sie sich verändert, und ich will sie nicht mehr verstehen.
*Also gibt es derzeit eine Ablehnung bei Ihnen…*
Ja, eine totale Ablehnung, sodass ich mir sogar ein Plätzchen auf dem Land gekauft habe, wo ich wahrscheinlich in Zukunft leben werde. Mit gelegentlichen Reisen, weit weg von Europa: nach Asien vermutlich.
*Dann lassen Sie uns ein wenig über das Rom vor fünf oder sechs Jahren sprechen, das Rom, das Sie liebten. Wenn Sie der Stadt eine menschliche Gestalt verleihen müssten, welches Geschlecht hätte sie?*
Oh, ich würde ihr weder ein männliches noch ein weibliches Geschlecht zuschreiben, sondern das besondere Geschlecht der jungen Menschen.
*Und welches Alter?*
Jugendlich.
*Wie sähe sie aus?*
Nun, wie ein typischer junger Vorstadtrömer: also dunkel, olivfarben, mit schwarzen Augen, der Körper kräftig.
*Kräftig, was heißt das?*
Schlank und nicht muskulös. Ein wenig wie die Araber, die nicht athletisch, aber, sagen wir, wohlproportioniert sind.
*Und wie wäre dessen Seelenleben beschaffen?*
Nun, es wäre die Art Seelenleben, die sich einer Weltanschauung

ganz ohne moralisierende Wertungen verdankt. Also auch keiner christlichen. Die Seele eines Menschen mit einer eigenen, stoisch-epikureischen Moral, die, sagen wir, den Katholizismus überlebt hat. Eine Moral, die unter der Herrschaft des Vatikans im Verborgenen weitergelebt und sich weiterentwickelt hat. Es ist eine Philosophie, die auf ehrlichen Beziehungen zum Mitmenschen gründet, die die Ehre, als wirkliche, echte Ehre verstanden, an die Stelle der Liebe setzt. Die tolerant ist, aber nicht die Toleranz der Macht, sondern die singuläre Toleranz des Individuums vertritt.
*Also hat die jahrhundertelange Herrschaft des Vatikans Ihrer Meinung nach nicht den geringsten Einfluss gehabt auf…*
Nein, sie hat den römischen Charakter nicht im Geringsten beeinflusst. Rom ist die am wenigsten katholische Stadt der Welt. Natürlich spreche ich vom Rom vor fünf oder sechs Jahren, das damals eine große Hauptstadt des Volkes war. Des proletarischen und lumpenproletarischen Volkes. Jetzt ist es das nicht mehr, es ist eine kleine bürgerliche Provinzstadt geworden.
*Warum?*
Weil Rom eine Metropole war, solange das Volk die Hauptfigur des römischen Lebens blieb. Es war eine maßlose, unordentliche, zerteilte, zersplitterte Metropole, aber doch eine große, chaotische, magmatische Metropole. Doch von dem Moment an, als die vor allem durch die Massenmedien bewirkte Akkulturation vollendet war, entsprangen die Vorbilder des römischen Volkes nicht mehr ihm selbst, seiner eigenen Kultur, sondern wurden zu einem vom Zentrum gelieferten Modell. Und von diesem Moment an ist Rom zu einer der vielen italienischen Kleinstädte geworden. Kleinbürgerlich, engstirnig, katholisch, durchdrungen von Unechtheit und Neurosen.
*Hat dieser Prozess der Akkulturation in italienischen Städten, wie Turin und Mailand, Ihrer Meinung nach früher stattgefunden?*

Nein, dieser Prozess der Akkulturation, also der Umformung besonderer und randständiger Kulturen in eine Form zentraler Kultur, die alles vereinheitlicht, hat sich in ganz Italien praktisch gleichzeitig vollzogen. Dazu haben verschiedene Elemente beigetragen. Die Entwicklung der Motorisierung beispielweise. Wenn die Scheidewand der Entfernungen wegfällt, gehen auch bestimmte menschliche Vorstellungsmuster verloren. Heute steigt der Vorstadtjunge auf sein Mofa und fährt »ins Zentrum«. Es heißt nicht mehr, wie früher, »ich fahre nach Rom hinein«. Das Zentrum hat sie eingeholt. Das Abenteuer ist vorbei. Der Austausch zwischen Zentrum und Peripherie passiert rasch und unaufhörlich. Turin und Mailand waren Industriestädte, sie hatten kein Proletariat und Subproletariat, sondern waren schon früher kleinbürgerlich. Darum war der Übergang für sie weniger spürbar, weniger dramatisch als für Rom, diese große Metropole des Volkes. Und noch weniger spürbar ist er für Neapel. Neapel ist im Grunde immer noch die einzige italienische Stadt, die sich gleich geblieben ist, als Stadt mit einer eigenen, ganz besonderen Kultur.
*Als Sie nach Rom gekommen sind, haben Sie zuerst in der Nähe des Portikus der Octavia gewohnt, als es die Mode der restaurierten Zweizimmerwohnung in Trastevere noch nicht gab, dann hinter dem Tiburtino-Viertel, dann im Viertel Monteverde Vecchio und jetzt hier, im EUR, in einer der schönsten und ruhigsten Gegenden der Stadt. Gibt es einen Grund für diese Ortsveränderungen?*
Wirtschaftliche Gründe natürlich.
*Haben dieses Pilgern von einem Viertel zum anderen im Sinn eines Aufstiegs und Ihre persönlichen Erlebnisse Sie in die Lage versetzt, die unterschiedlichen sozialen Schichten der Stadt zu durchlaufen und kennenzulernen?*
Nein, das würde ich nicht sagen. Meine Romerfahrung ist vor allem

eine Erfahrung mit dem römischen Volk. Mit dem römischen Bürgertum habe ich nie Umgang gehabt.
*Aha. Nun haben Sie vorhin gesagt, dass Rom mit einem bestimmten Typ des Vorstadtjugendlichen identifizierbar sei. Aber meinen Sie nicht, dass Rom auch der »generone«, dieser Vertreter des gesellschaftlich abgestiegenen Großbürgertums ist, oder der kleine Kaufmann, der Wirt?*
Ach, wissen Sie, dieses Bürgertum ist derart in sich selbst verschlossen, bar jeder eigenen Kultur und so parasitär, dass es in der Stadt gar nicht zählt. Jedenfalls hat es bis jetzt nicht gezählt. Wichtiger war das Bürgertum der Bürokratie, der Ministerien, das aber nicht sehr römisch ist. Dieses Bürgertum hat vor allem politisch gezählt, weil sich daraus die rechten Kräfte der Stadt rekrutierten.
*Ist Rom Ihrer Meinung nach eine offene Stadt, also instinktiv demokratisch, gibt es Kommunikation zwischen den Klassen, etwas wie einen Passierschein zwischen den gesellschaftlichen Schichten?*
Nein. Es gibt eine Scheidewand zwischen dem Zentrum und der Peripherie. Bis vor wenigen Jahren waren das sogar zwei unterschiedliche Städte. Jetzt sind sie dem Anschein nach etwas weniger unterschieden. Doch in Wirklichkeit duldet das römische Bürgertum keinen Proletarier in seinen Reihen, auch wenn er verbürgerlicht ist. Dasselbe gilt für den Adel.
*Das heißt, der Bruch ist heute vielleicht weniger offensichtlich, aber dramatischer. Stimmt das?*
Ja. Er ist dramatischer, weil der Proletarier den Bruch jetzt spürt, im Gegensatz zu früher. Früher empfanden die Männer und Frauen der Borgate sich nicht als minderwertig, weil sie nicht zur sogenannten privilegierten Klasse gehörten. Sie empfanden die Ungerechtigkeit der Armut, aber sie beneideten den Reichen, Wohlhabenden nicht. Im Gegenteil, er galt ihnen fast als minderbemitteltes Wesen, das

ihre Philosophie nicht verstehen konnte. Heute dagegen haben sie diesen Minderwertigkeitskomplex. Wer die jungen Männer aus dem Volk beobachtet, sieht, dass sie nicht mehr versuchen, sich als das durchzusetzen, was sie sind, sondern sich dem Vorbild des Studenten anpassen, sich sogar Brillen aufsetzen, auch wenn sie sie nicht brauchen, nur um nach »höherer Klasse« auszusehen.

*Und ist es andererseits nur Fassade, wenn der schwarze Adel, die Großgrundbesitzer und die Bürokraten auf höheren Posten sich äußerlich wie Proletarier verhalten, also Dialekt sprechen, sich unters Volk mischen und in einfache Lokale gehen?*

Nein, das ist auch eine römische Tradition. Ich glaube, dass viele dieser Erscheinungen vor vielen Jahrhunderten entstanden sind. Der römische Adel hat immer römischen Dialekt gesprochen, mindestens aus Dummheit. Denn er ist der ungebildetste Adel der Welt. Darum ist das noch nicht einmal ein bewusstes Verhalten. Vielleicht ist es in den letzten Jahren dazu geworden. Doch in der Vergangenheit lag es schlicht und einfach daran, dass diese Adeligen Grobiane waren: Sie haben nie etwas gelesen, nie etwas geschrieben, der Kultur nichts gegeben, sie sind noch nicht einmal Mäzene gewesen, das wäre immerhin ein Weg, die Kultur zu verstehen. Sie haben immer von ihren Erträgen gelebt, vollkommen isoliert vom gesellschaftlichen Leben. Sich unter das Volk zu mischen, wird da zu einer snobistischen Übung.

*Interview in der römischen Tageszeitung »Il Messaggero«*
*vom 9. Juni 1973*

## TAGEBUCH

»Ich habe genug«, sage ich mir – beinahe mit lauter Stimme –
um neun Uhr abends, auf der Tuscolana, in der Nacht von Santo Stefano,
bei nach dem Regen wieder heiterem Himmel – vor dem Mandrione –
die »anderen«, die unschuldig, in frostigen Autos, oder zu Fuß von Familienausflügen
heimkehren – in der feindlichen Nacht – oder sich auf die Suche nach Liebe begeben,
jenseits der Brunnen aus dem 17. Jahrhundert und der Eisenbahnbögen –
zum flüchtigen Vorbeidonnern von Triebwagen und Lastzügen – zwischen Regenschauern –
trocken vor Schmerz – und Sternen, stechend wie Nadeln am Himmel,
von den weißen Wolken durch ein entsetzliches Türkis verdüstert –
»ich habe genug« – sage ich mir, mit den vom Schlamm schweren Schuhen –
»von *dieser* Liebe…«
Ich muss lächeln, denke an einen Vers von heute Morgen, in Assisi:
»Die Stelle eines anderen in seiner Liebe zu sich selbst einnehmen«, lautete dieser Vers.
»Ich habe genug *von der Liebe*«.
Zwischen Mänteln von Passanten, die der Wind bewegt, unter schauderhaften Sternen,
stellt sich die Frage von allein: »Nun…
worin dann also meine Freiheit investieren?«

Und die prompte Antwort: »In den Tod!« Und die Wahrheit
alles dessen. Dennoch gehe ich weiter,
obwohl ich weiß, dass ich sterben muss – an einem Tod
als »Investition der Freiheit«! Ich denke
an andres, an andres. Ein unbekanntes Leben beginnt.

»Markt am Campo de' Fiori«,
1950

## DAS LICHT DER NOT
Rom im Blick Pier Paolo Pasolinis
Nachwort von DOROTHEA DIECKMANN

»Ich floh mit meiner Mutter, einem Koffer und ein wenig Schmuck, der sich als falsch herausstellte, / im Zug, langsam wie ein Güterzug, / durch die friaulische Ebene, unter ihrer dürren und harten Schneeschicht. / Wir fuhren nach Rom.« So erinnert sich Pier Paolo Pasolini in seinem biographischen Gedicht »*Dichter der Asche*« an diese »Seite eines Romans, des einzigen in meinem Leben«. Die Flucht vor der Verfolgung als Homosexueller, vor sozialer Kontrolle, patriarchaler und staatlicher Autorität führte ihn im Winter des Jahres 1949 aus der »geheimnisvoll östlichen Landschaft« des Friaul ins Land der Sonne, aus dem Leben im Grenzbereich hinein in ein »gewalttätiges Leben«: *una vita violenta*.

Rom, auf der Karte betrachtet, hat die Form einer Krake. Aus der kompakten Mitte, die sich an den Ufern des Tibers ballt, wachsen in alle Himmelsrichtungen um das Skelett der antiken Konsularstraßen dicke, amorphe Arme, die im Zug ihrer Verjüngung nach und nach in fragmentierte Blöcke zersplittern. Während der innere Bereich von Flecken unbebauten Grüns – den Parks der Villen und Hügel – nur aufgelockert ist, werden die Außenbezirke von weiten Zonen brachliegender *campagna* zerrissen. Hier prallen Stadt und Land, Gegenwart und Vergangenheit aufeinander, hier herrscht die potenzierte Wildnis von wüster Natur und den wuchernden Ansiedlungen aus Stein und Beton, die man *borgate* nennt. Sie, die Vorstädte, sollen Pasolinis Lebens- und Denkraum werden: »Den Großteil meines Lebens verbringe ich draußen vor der Stadt-

Pier Paolo Pasolini,
1953

Tufello*

grenze […]. Das ist ein Laster schlimmer als Kokain, es kostet mich nichts, und es gibt es in Hülle und Fülle, ohne Grenzen, ohne Schranken.«

Nicht anders als die unzähligen Landflüchtigen erreicht der 27-Jährige die Kapitale des erst seit wenigen Jahren vom Faschismus befreiten Italien als armer Einwanderer. Die neue, prekäre Situation verbindet sich mit seiner Existenz als Dichter, politischer Abweichler und sexueller Außenseiter. Später begründet Pasolini die Suche nach Zuflucht in den geographisch randständigen Gebieten mit dem Schmerz des Ausgesonderten: »Die Bourgeoisie hat mich als Jugendlichen in der schwierigsten Phase meines Lebens ausgeschlossen: Sie hat mich in die Liste der Ausgestoßenen und Andersartigen eingereiht. Es ist kein Zufall, dass ich, als man mich aus dem Zentrum weggejagt hat, an der Peripherie Trost gefunden habe.«

---

* Die Fotografien im Nachwort stammen von Dorothea Dieckmann.

Mandrione / Casilina Vecchia

Zugleich findet ein Poet den Weg nach Rom, der seine Sprache in den vom Hochitalienischen ausgegrenzten Dialekten seiner friaulischen Heimatregion gefunden, zusammen mit der Lebensweise der lokalen bäuerlichen Bevölkerung erforscht und dichterisch entwickelt hat. Sein erster Gedichtband »*Poesie a Casarsa*« (1942) hatte der gesprochenen Sprache die Würde einer literarischen gegeben – ein Skandal im Staat Mussolinis, der jeden Partikularismus bekämpfte. Seither waren Antifaschismus und Dezentralisierung in Pasolinis Denken untrennbar.

Neben dem Trauma des Ausgestoßenseins nimmt der Flüchtling die Erkenntnis mit, dass sowohl Nationalsprache als auch Nation propagandistische Fiktionen des herrschenden Zentrums sind. Mit Körper und Geist ist er auf der Suche nach dem Anderen. Hier, in Rom, wird er eine erotische Befreiung erleben und eine rasante

Quadraro

künstlerische Produktivität entfalten, wird Licht und Schmutz, Lärm und Gesang, Not und kreatürliches Dasein feiern, wird der Stadt – ihren Nachtgeheimnissen und ihrer Tagesöffentlichkeit – seinen Leib aussetzen und den ihren erforschen, ihre Riten und Kodizes, ihre Gestalt und Geschichte und immer wieder ihre gesprochene Sprache. Der Masochist und Pathetiker war nie bereit, Leben und Kunst, Leidenschaft und analytischen Geist zu trennen. Immer wieder betonte er, dass er – im Gegensatz nicht nur zu den Machthabern, sondern auch zu seinen intellektuellen Freunden – sich dem Leben, das Gegenstand seiner Schriften und Filme war, selbst hingab.

Im ersten Jahr kommt er mit der Mutter Susanna im ehemaligen jüdischen Ghetto unter – einem der innerstädtischen Armenquartiere. Unter Mussolini war eins nach dem andern dem Abriss

Monteverde, Case popolari (gebaut 1934)

zum Opfer gefallen, der im Italienischen den sprechenden Namen *sventramento* trägt: Die übervölkerten Gassen wurden *ausgeweidet*, die Bewohner in moderne Volkshäuser (*case popolari*) umgesiedelt: eine polizeilich-politische Hygienemaßnahme. »Wir wohnten in Trastevere, als man uns sagte, das Haus könne zusammenstürzen, und da schickten sie uns hierher. Es herrschte Ordnung und Disziplin; die Wäsche durfte man nicht vor dem Fenster aufhängen, und bis nachmittags um vier war es verboten, sich im Hof aufzuhalten« – so schildert ein anonymer Ausquartierter die »Deportation« nach Monteverde im Jahr 1937. Auch Pasolini wird in diesen Teil der Stadt ziehen und die Uniformität der »faschistischen Wolkenkratzer« ebenso beklagen wie ihre Fortsetzung durch die neuen, christdemokratischen Wohnprogramme. Zunächst aber findet er Arbeit in einer Schule weit draußen im Südosten und mietet eine Wohnung in Rebibbia, einem »Vorort aus Kalk und Staub«, wo der

Quarticciolo

zweite römische Fluss verläuft, der kleine schmutzige Aniene. Der tägliche »Kreuzweg in Schweiß und Angst« von der Bus-Endstation nach Ciampino dauert zwei Stunden.

»Ach, ihr Tage von Rebibbia, / die ich verloren wähnte im Lichte // der Not, und die ich euch nun so frei weiß!« – dieser Vers aus »*Die Klage des Baggers*« ziert heute eine Tafel auf einem winzigen Platz wenige Schritte von dem inzwischen verputzten Häuschen in der Via Tagliere. Verfasst 1957 auf dem luftigen Hügel des Monteverde, dokumentiert er die Sehnsucht nach der schmerzlichen Initiation in die vorgeschichtliche Schönheit und Aggressivität des Vorstadtdaseins. Auf dem Monteverde Vecchio – 1954 zogen die Pasolinis in die »kleinbürgerliche« Via Fonteiana, 1959 ein paar Ecken weiter in die Via Carini – lebt Pasolini nur wenige Gehminuten von dem Elend entfernt, aus dem Riccetto stammt, der Protagonist des Romans

Via Casilina

»*Ragazzi di vita*«: »[…] man musste nur über die Wiese gehen […]: Lawinen von Unrat und Abfällen, Häuser, die, noch nicht einmal gebaut, schon wie Ruinen aussahen, riesige Schlammlöcher, Müllhalden.« Hier stürzte 1951, nicht lange nach Pasolinis Ankunft, die Elementarschule Giorgio Franceschi zusammen, in der Riccetto als Ausquartierter haust und deren Trümmer seinen Kumpel Marcello erschlagen. Der Titel des ersten Kapitels, im selben Jahr veröffentlicht, benannte schon das Fabrikgelände der Ferro-Beton, römisch *Ferrobedò*, wo die Jungen des Quartiers Material klauten und verhökerten.

Mit ihnen kickte Pasolini »in den sonnenbeschienenen Innenhöfen oder auf verdörrten Wiesen, in der Via Ozanam oder in der Via Donna Olimpia«, die den armen vom reichen Monteverde trennt, damals ein Trampelpfad entlang einer kalkweißen Neubauwüste –

Monteverde Nuovo

Beginn jener »Explosion« der Bautätigkeit, mit der sich seither die Grenzen zwischen Innen und Außen verschoben haben. Inzwischen ist der Monteverde Nuovo eine bessere Wohngegend. In den Schluchten der balkonbewehrten Wohnblocks, unweit der alten »Neuen Häuser« in der Form der Buchstaben DUX, ist das Fußballspiel verboten – Zeichen einer Verbürgerlichung, deren Totalität Pasolini mit prophetischer Präzision voraussah. 1974 schrieb er an Italo Calvino: »Es ist diese grenzenlose, vornationale und vorindustrielle bäuerliche Welt, die noch bis vor wenigen Jahren überlebt hat, der ich nachtrauere […] Die Menschen dieses Universums […] lebten das Zeitalter, das [der Unità-Journalist Felice] Chilanti das Zeitalter des Brots genannt hat. Sie waren Konsumenten von unbedingt notwendigen Gütern. Das war es vielleicht, was ihr armes und prekäres Leben so notwendig machte. Es ist klar, dass überflüssige Güter das Leben überflüssig machen.« Mit den »Tagen von

Gefängnis von Rebibbia

Rebibbia« war nicht nur seine eigene, persönliche Not vergangen, sondern die Lebensweise einer ganzen Bevölkerungsschicht – zugunsten des materiellen Überflusses, einer falschen Freiheit, durch die das Leben selbst verloren geht.

Zwanzig Jahre nach Pasolinis Tod übernahm die durch das Medienimperium des Unternehmerpolitikers Berlusconi inszenierte Fernsehdemokratie das Erbe der Democrazia Cristiana, die an ihrer eigenen Korruption zugrunde gegangen war. Wer heute an der Abzweigung zur Via Tagliere auf das Gefängnis von Rebibbia schaut, erblickt vor der gewaltigen grauen Gefängnismauer ein riesiges Werbe-Billboard. Er befindet sich nah der Endhaltestelle der Metro, deren Erweiterung seit Jahren geplant ist. Seither schieben sich die Busse an endlosen Bauzäunen entlang, die beharrlich die Plätze alter Stadtviertel blockieren und sich als Relikte eines

Bahnhof Termini

leeren Versprechens durch die Brachwiesen fressen. Wie um diese Verhöhnung zu unterstreichen, werden die neuen, sonnengelben Stadtmauern Jahr um Jahr mit neuen Wahlplakaten beklebt; dieser Tage verkündet die regierende Partei: »Die Liebe besiegt Neid und Hass« – eine Phrase aus den Seifenopern, die in jedem Haushalt ertönen. Die Dächer Roms sind mit Antennen gefiedert: Der Fernsehanschluss ist der Anschluss ans Zentrum, mit dem die anarchisch-archaische Lebenswelt der *borgata* dem »bürgerlichen ideologischen Bombardement« ausgesetzt wird. Mit verzweifelter Radikalität hatte Pasolini wenige Tage vor seiner Ermordung die Abschaffung des Fernsehens gefordert.

Heute sind Rebibbias Straßen – »fußhoher Staub im Sommer, ein Sumpf im Winter« – längst asphaltiert. Der improvisierte Charakter ist dennoch nicht getilgt. Zwischen den Betonhäusern von der

Centocelle

Stange überdauern die niedrigen aus Stein, die Gärten und Schuppen, wenn auch, bis auf wenige fossile Zeugen der alten peripheren Armut, geputzt und verstellt durch das obligatorische Auto – das zweite wichtige Anschlussmedium des Zentrums. Die »freie«, dörfliche *borgata* mit ihrem nomadisch-beduinischen Charakter existiert weiter, doch sie ist zum schlampig-gemütlichen Speckgürtel domestiziert oder zur pittoresken Enklave verniedlicht – in exemplarischer Weise im Pigneto, dem in das Gleisdreieck im Winkel der beiden schmutzigen, in den proletarischen Osten führenden Konsularstraßen Prenestina und Casilina eingeschlossenen Viertel. Hier, wo Szenen von »*Accatone*« (1961) und »*Mamma Roma*« (1962) gedreht wurden, hat der Prozess der bürgerlichen Assimilation Anklänge an den geordneten Spießercharme eines deutschen Schrebergartens entstehen lassen.

Monte Sacro

Mit ihr verschwindet auch das wilde Potenzial einer einzigartigen römischen Nischenformation: die Konfrontation der Schienenstränge mit den riesigen Aquädukten, die sich vor allem im Südosten bündeln. Die Streifen und Abhänge zwischen Trassen und Bögen, Schneisen und Brücken, Antike und Industriezeitalter bilden ein kleinteiliges, so düsteres wie geschütztes Niemandsland. Hier, auf der langen Strecke zwischen Piazza Lodi und Porta Furba, entdeckte Pasolini den »Reinzustand« auf der untersten Stufe des Elends, den *tuguri*: Slumhütten wie jene, in der die junge Neapolitanerin Nannina aus »*Alì mit den blauen Augen*« als *mignotta* (»Hure«) endet. Fünfzig Jahre später finden sich neben den Gleisanlagen schmucke Häuschen, mit Gittern gesichert, viele im Schatten der Riesenarkaden, durch die die Wohnmonolithen von Torpignattara und Quadraro in den gleißenden Himmel ragen. Nur an wenigen versteckten Ecken sind die Hänge mit Abfall übersät, kleben

Tuscolano

Provisorien aus Planen und Bettgestellen am antiken Stein, hocken dunkelhäutige Familien vor wellblechgedeckten Hütten. Sie erinnern an die Roma-Lager, deren eins auf der Höhe von Centocelle jenseits der Casilina still und dunkel wie ein schimmelnder Saum an rohen Erdaufschüttungen lehnt. Die Nomaden, seit Generationen sesshaft, wurden im Frühjahr 2010 – in faschistischer Kontinuität – erfasst und in kontrollierte Quartiere verfrachtet.

Anna Magnani verkörperte als alternde Prostituierte und Mutter, die aus einem dörflichen Randbezirk in eine Wohnanlage der *borgata* Casal Bertone zieht (mit geographisch fingiertem Blick auf die geisterhafte »Front der Stadt« von Cecafumo und die eisglatte Kuppel der 50er-Jahre-Basilika San Giovanni Bosco), den Prototyp der volkstümlichen Hungerleiderin, die aus dem Reich der Notwendigkeit zu den wohlsituierten Kleinbürgern aufsteigen will. Heute

Torpignattara

hat sich ihr Traum massenhaft verwirklicht, und »Roms Widersprüche« haben sich in einem in Pasolinis düstersten Analysen vorhergesagten Ausmaß zugleich versteckt und verschärft. Mamma Romas Nachkommen sind in der grandiosen Hässlichkeit von Vierteln wie Magliana Nuova, Casal de' Pazzi oder San Basilio zusammengepfercht, farblosen, von Hitze und Regen zerfressenen Höllenkreisen verschieden konfektionierter Bauserien, die, immer noch inselhaft, wie kubische Dinosaurier aus der Steppe wachsen, oder in einem der gemischten »Shanghais«, wo die niedrigen ehemaligen Hütten – damals noch »vollgestopft mit Rabauken aus Apulien oder den Marken, aus Sardinien oder Kalabrien« – vom Heer der neuen *palazzi* belagert werden.

Doch die heutigen Einwohner haben mit der »Demut«, die so viele von Pasolinis Gedichten auf Rom beschließt, auch den Stolz ihrer

Via dell'Acqua Bullicante

bäuerlichen Vorfahren gegen eine neurotische Angst vor dem Anderen eingetauscht. Ihre zuweilen hasserfüllte Abstiegsangst wendet sich gegen die neuen Zuwanderer, jene, die Pasolini in Afrika und Indien als letzte Utopie eines unkorrumpierten rituellen, doch stets sich erneuernden Lebens kennenlernte: Immigranten aus Südeuropa und der Dritten Welt, die ihr klandestines Dasein an der Peripherie der Peripherie fristen. Vielleicht ist der rassistische Impuls gegenüber der einbrechenden Fremde – auch er eine Frucht der späten, »(importierte[n]) demokratische[n] Tradition« – das einzige Phänomen, das Pasolini in seiner kämpferischen Kritik nicht vorhergesagt hat. Er sah das Land und die geliebte Stadt den Weg in die inneren Zirkel des Dante'schen Infernos gehen, einem Fortschritt folgend, der das Gegenteil der Erneuerung war, für die er eintrat, vor Augen den sprühenden, permanenten Wandel der lebendigen Tradition in Gestalt des Subproletariats.

Gordiani

1975 begründete Pasolini, warum er »*Accatone*« zu dieser Zeit nicht mehr hätte drehen können: Die Körper und Physiognomien wie auch die Sprache derjenigen, die sich darin selbst darstellten, waren – zusammen mit den Glühwürmchen – verschwunden; vorbei die Zeit, als ihresgleichen »Pà« oder »Er Pasòla« auf der Straße auf eins seiner Gedichte ansprach. Zur Illustration prägte er die berühmte Vision von Rom als einer Stadt »nach dem Genozid«: »Hätte ich damals [1961] eine lange Reise gemacht und wäre ein paar Jahre später wieder durch die Straßen dieser ›grandiosen plebejischen Metropole‹ gegangen, so hätte ich sicher den Eindruck gehabt, alle früheren Einwohner seien deportiert und vernichtet worden.« Die Analyse zu diesem Bild entwarf er angesichts der Studentenrebellion 1968 in seiner Polemik »*Die KPI an die Jugend*«: »Kurz, durch den Neokapitalismus wird die Bourgeoisie zur *conditio humana* schlechthin […]. Es ist aus. Deshalb provoziere ich die heutige

Mandrione/Porta Furba

Jugend. Sie ist vermutlich die letzte Generation, die noch Arbeiter und Bauern sieht, die folgende wird sich von nichts mehr umgeben sehen als von bürgerlicher Entropie.«

Pier Paolo Pasolinis Liebe zur »großen Volksmetropole« endete unglücklich. Die Welt selbst entfloh dem Flüchtling. Als das Volk, dessen kindlicher Gesang von seiner »Erhebung« gekündet hatte, seinen Platz als vorgeschichtliches Subjekt einer kommenden Zeit aufgab und vom protoreligiösen Hoffnungsträger zur konformen Masse mutierte, sah er mit dem Ende seiner Leidenschaft auch das der Geschichte erreicht. Seine Liebeserklärungen wurden zum Abgesang; die vitale Diagnostik, die aus soziologischer Analyse, ästhetischer Phänomenologie und historischer Wahrnehmung eine politische Topographie der Stadt gewonnen hatte, wurde zum elegischen Fluch auf die Süße des Abgrunds zwischen Ich und Welt.

Gordiani

Aber es war die rücksichtslos fortdauernde Schönheit selbst, die ihm den unlösbaren Widerspruch zwischen Vergänglichkeit und Wiederkehr vor Augen hielt.

Nein: Es ist nicht aus. Noch immer erscheint Roms »unbarmherzig neue Sonne« täglich wieder und taucht die Ränder der Stadt ins grenzenlose »Licht der Not«. Noch immer erinnern im April, wenn die lila Wellen der Glyzinien über die ockerfarbenen Hauswände stürzen, die mit funkelndem Grün überwucherten Mauern zwischen den Ausfallstraßen an einen uralten Frühling in der Provinz. Die Prostituierten haben sich aus der Höhe von Pasolinis letzter römischer Wohnung im EUR-Viertel ans untere Ende des Boulevards Cristoforo Colombo zurückgezogen. Mit naturhafter Beharrlichkeit verwandeln sich die alten Viertel in der Stunde nach dem Abendessen weiterhin in stille Innenräume, in denen unter

Rebibbia, Piazza Lino Ferriani

dem geschlossenen Himmel vertraute Echos ertönen, Nachhall antiker Abende, antiker Nächte. Noch immer werden die »Formen der Welt« neu geboren. Solange es möglich ist, den Tod mit Pasolini als »Investition der Freiheit« zu denken, wird auch der Folgesatz weiter gelten: »Ein unbekanntes Leben beginnt.«

# Quellen

**Die Auswahl der Gedichte**

Mit »T.P.« gekennzeichnete Beiträge wurden übersetzt von
Theresia Prammer, mit »A.K.« gekennzeichnete von Annette Kopetzki.

Aus: *Pier Paolo Pasolini, Bestemmia. »Tutte le poesie II«, herausgegeben von Graziella Chiarcossi und Walter Siti, Garzanti, Mailand 1993, Band II*. Spätere Prosaversion in: *Squarci di notte romane (1950)/Alì dagli occhi azzurri, Garzanti, Mailand 1965*:
»In Ostia, um Mitternacht – der Maskenball« [T.P.]

Aus: *Diarii 1943–1953. Roma 1950. Diario, Scheiwiller, Mailand 1960*:
»Morgen. Welch ein Staunen ohne Freude« [T.P.]
»Schau…gegen die Wand des Hauses« [A.K.]
»Einsamkeit der frühen Mittagsstunde« [A.K.]
»Auf dem Gässchen, dicht überm verschlossnen Himmel« [T.P.]
»Zu Ende das Fest über Rom, taub« [T.P.]
»Einem weißen Montagmorgen öffne ich« [A.K.]
»Im blendenden winterlichen Halbschatten« [A.K.]

Aus: *Sonetto primaverile (1953), Scheiwiller, Mailand 1960*:
»Arme Weiblein aus dem Norden« [A.K.]

Aus: *Scartafaccio 1954–55*:
»Am Flughafen« (posthum erschienen) [T.P.]

Aus: *La religione del mio tempo, Garzanti, Mailand 1961 (letzte Ausgabe 2010)*:
»Römischer Abend« – aus: La ricchezza (1955–1959) [T.P.]
»Unterwegs zu den Caracalla-Thermen« – aus: La ricchezza (1955–1959) [T.P.]
»Mein Verlangen nach Reichtum« – aus: La ricchezza (1955–1959) [T.P.]
»Triumph der Nacht« – aus: La ricchezza (1955–1959) [T.P.]
»Fortsetzung des Abends von San Michele« – aus: La ricchezza (1955–1959) [T.P.]
»Der Zorn« – aus: Poesie incivili (April 1960) [T.P.]

Aus: *Poesie marxiste (1964–1965)*:
»Tagebuch« [T.P.]

Aus einer Schlangenledermappe, die vor allem Texte aus dem Umkreis von *Trasumanar e organizzar* enthält (Garzanti, Mailand 1971):
»Notizen zu einem Roman über den Müll« [T.P.]

**Die Auswahl der Prosa**

Alle Prosatexte wurden übersetzt von Annette Kopetzki.

Aus: *Storie della città di Dio. Racconti e cronache romane (1950–1966)*,
*herausgegeben von Walter Siti, Einaudi, Turin 1995 (nicht mehr im Handel)*:
»Das Rom der Gauner« (1957)
»So habe ich Rom noch nie gesehen« (1957)
»Die Front der Stadt« (1958)
»Die Tuguri« (1958)
»Reise durch Rom und Umgebung« (»*I campi di concentramento*«) (1958)

Aus: *Cronaca di una giornata (1960)*:
»Tagebücher: Ich begleite Moravia…«

Aus der Tageszeitung: »*Il Messaggero*«, Rom, 9. Juni 1973:
»Das Abenteuer ist vorbei« (Interview)

Aus: *Accattone, Mamma Roma, Ostia, Garzanti, Mailand 1993; La vigilia. Il 21 ottobre (1960)*:
»Nachtwachen: Ich lasse das Auto…«
»Nachtwachen: Um diese Zeit ist Rom ein Dorf…«

Aus: *Accattone, Mamma Roma, Ostia, Garzanti, Mailand 1993; Diario al registratore (1962)*:
»Um nach Cecafumo zu kommen«

Aus: *Lettere, herausgegeben von Nico Naldini, Turin, Einaudi, 1986–1988*
(nicht mehr im Handel):
»An Silvana Mauri« – Rom, Sommer 1952 (Auszüge):
»Ich stehe unter einer ständigen, ermüdenden Spannung«
»*In der nördlichen Welt*«
»An Gianfranco Contini – Fribourg« – Rom, Januar 1953

Vgl. auch: Pier Paolo Pasolini, »*Tutte le opere*«, herausgegeben von Walter Siti, Mondadori,
Mailand 2003, »*Tutte le poesie*«, Band I u. II.

Pier Paolo Pasolini, »*Tutte le opere*«, herausgegeben von Walter Siti, Mondadori, Mailand 1998
»*Romanzi e racconti*«, Band I (1946–1961), Band II (1962–1975)

*Die Herausgeberinnen und der Verlag danken*
*Graziella Chiarcossi und Garzanti herzlich für die Zusammenarbeit.*

CORSO*libro* 1
PIER PAOLO PASOLINI
*Rom, andere Stadt*

1. AUFLAGE IM SEPTEMBER 2010
© CORSO / GROOTHUIS, LOHFERT VERLAGSGESELLSCHAFT MBH
GAUSSSTRASSE 124–126, 22765 HAMBURG

© FÜR DIE TEXTE: GRAZIELLA CHIARCOSSI UND
GARZANTI EDITORE (SIEHE: QUELLEN)

DER UMSCHLAG VERWENDET DIE FOTOGRAFIE
VON HERBERT LIST »ANTIKER PFERDEKOPF
IN DEN THERMEN DES DIOKLETIANS«, ROM 1949
© FÜR DIE FOTOGRAFIEN VON HERBERT LIST:
HERBERT LIST ESTATE, M. SCHELER, HAMBURG, GERMANY –
WIR DANKEN PEER-OLAF RICHTER
FÜR DIE GROSSZÜGIGE ZUSAMMENARBEIT

AUSSTATTUNG / GESTALTUNG:
GROOTHUIS, LOHFERT, CONSORTEN | GLCONS.DE
GESETZT AUS DER FAIRFIELD
LITHOGRAFIE: FRISCHE GRAFIK, HAMBURG
GEDRUCKT AUF FOCUSART NATURAL DURCH GUTENBERG BEUYS, HANNOVER
UND GEBUNDEN VON INTEGRALIS, HANNOVER
PRINTED IN GERMANY. ALLE RECHTE VORBEHALTEN
ISBN 978-3-86260-001-4

MEHR ÜBER IDEEN, AUTOREN UND PROGRAMM DES VERLAGES
FINDEN SIE AUF
WWW.CORSO-WILLKOMMEN.DE